まくらばな

柳亭小痴楽

前口上

勉強が嫌いだった。

中高一貫校に籍はあったが、ほぼ学校には行ってなかった。

高校中退という輝かしい経歴もそのためだ。

そんな私なのだが、本を読むことは好きだ。

ありがたいことに全国各地の落語会に呼んでいただくが、新幹線や飛行機の長旅に文庫本は欠かせない。

いつか、自分も本を書いてみたいとは思っていたが古典落語を演る噺家なので、文章を書くこともほぼないしそんな世界とは縁のないものだと思っていた。

ところが、そんな私に本を書いてみないかと誘う奇人がいた。
真打昇進という、落語家人生に一度しかない機会に
柳亭小痴楽の本質的な魅力の原点を伝えてみないかと言うのだ。
原稿を書いて気づいたが、私の根っこには父・柳亭痴楽がいた。
そして落語家の妻となった母、そして共に育った兄がいた。
何度しくじっても優しく指導してくれた師匠方や仲間たちがいた。
そんな方々への感謝の気持ちを忘れず精進しなければと
改めて、肝に銘じている訳なのである。
最後にルーズな私に呆れながらも要望に応えてくれた佐久川さん
シビアな状況でも笑って付き合ってくれた奇人・清水さん
心から感謝しています。ありがとう。

令和元年吉日　柳亭小痴楽

目次

※本書は書き下ろし作品です。一部脚色・誇張表現が含まれます。

第一章「ま」

前を向いて歩こう

青春夜明け前

うちの家は男三人、絶えず誰かが喧嘩をしていた。兄貴との兄弟喧嘩、子供と親父。縁側の窓ガラスが割れる事はしょっちゅうで、障子なんというものは穴ぼこだらけ。直してもすぐにまた誰かがぶつかり破れるので、大きな千社札で方々の穴ぼこを隠していた。

窓ガラスに関しては近所のガラス屋さんのお得意さんになってしまっていた。

―すみません、またガラスが割れちゃって。

―どこのガラスですか？　あぁ、縁側の。分かりました、すぐに持って行きます。

という具合に回数も多いから寸法も覚えられていた。

あれはいつだったか、髪の毛が赤髪だったからきっと中学二年生くらいの時分だろう。そろそろ秋から冬に変わろうという時季の、夜中の1時頃だったか。

いつもの通り三つ上の兄貴と兄弟喧嘩をして、負けて居心地が悪くなった私は家を出て行った。

ジャージにTシャツ、サンダル履き。もちろんお金なんて小銭も持ち合わせてない。ポケットにはタバコとライターしか入っていなかった。

小一時間フラフラしてたか、怒りも収まり気付いたら上着も無く、肌に風が当たり、だんだん寒さに負けてきた。

こっちも意地になっている、帰るわけにもいかない。

さぁどうしよう。

当時、井草の善福寺に住んでいた。そこから吉祥寺まで歩いて自動販売機の下に手を突っ込んでお金を拾い集めた。これがまァ結構な額になった、確か1800円くらいになったと思う。

ホットの缶コーヒーを買って近所の小さな公園で休んでいると、隣にホームレスのおじさんが座りにきた。

―小僧、どうした？　こんな時間に何やってる？

何時間も一人だった私は寂しかったという事もあり、おじさんに愚痴を聞いてもらうことにした。

―兄貴と喧嘩して家出てきたんですよ。

―美味しそうなもの飲んでるな。

―飲みますか？　自販機の下、手ェ突っ込んで小銭集めたんすよ。

―いいのか？　じゃあご馳走になろうかな。

二人で缶コーヒーを飲んだ。

おじさんは私の愚痴を、ただ黙ってうなずきながら聞いてくれた。

1時間も話すと、空もだんだん明るくなってきた。私の愚痴も尽きてきた。

そんな時、それまで静かに話を聞いてくれていたホームレスのおじさんが、
そっと一言
―小僧、兄貴に謝れ。そんで家に帰って寝な。良いか？
帰れる家があるうちが華だぞ。
何も言えなくなり、自分がどれだけ甘えた生活をしているかが身に染みた。

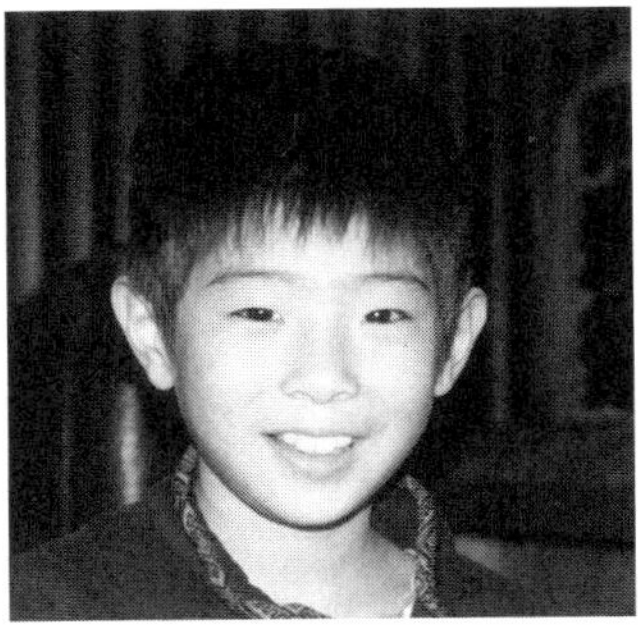

もうひとつの土曜日

ウチの親父は家の中では常に寝巻きだった。

それもパジャマというよりジャージやスウェットの様な洋服が多かった。

皆さんはご存じだろうか、胸のところや背中のところに大きくて可愛らしい犬が骨を咥えてる絵が刺繍してあるメーカーだ。ガルフィーというらしい。

よく新宿や上野などの繁華街でおっかなそうなお兄さん達が愛用しているのを見かける。

そういうジャージか、あるいは着物の下に着るダボシャツとステテコ姿だった。

代官山に住んでいた頃、今の代官山アドレスがある近く、郵便局の裏っ手に家があった。今から20年程前、まだその時分は毎週末になると暴走族があの狭い通りを爆音で走り抜けていた。

その音が聞こえると親父は表へ飛び出して行ってお兄さん達を停めて叱りつける。


引っ越した井草の家でもそうだった。

井草八幡宮の真ん前の家、側には青梅街道が通っている。代官山の時とは規模が違う大きな通りだ。荻窪・阿佐ヶ谷方面から田無の方へ、車線を守ってないからその逆なのか、ざっと見て１００台以上、２００台はいかないくらいの暴走族が土曜日となると静かな住宅地を賑わせてくれる。

こんな夜に、親父が家に居ようものなら、爆音が聞こえてくると同時に寝巻きから着物に着替え始める。

私が楽屋入りをして、着物の着方を教わり色んな師匠方の着物の着方を見てみると、親父の着物の着方というのがちょっと変わっていたことに気がついた。

歌舞伎の役者さんなんかは写真やテレビで見てると首元まで襦袢がピチッとなってる。落語家はそこまでピチッとは着ない。どういう訳か、少し胸元が開いている。これは私なりの考えだが、町人や酔っ払いなど、色々な人間を演じるからかと思っている。

親父は一度着物を着て帯を締め終えると、襦袢と着物の胸元辺りを掴んで、グワッと広げるのだ。非常にくだけた着方をする。これは昔のヤクザに多かった。

そんな風に着替えてから玄関へ向かった。普通の家庭の玄関の傘立てには何が挿してあるだろうか。傘が数本として、せいぜい杖くらいが挿さっている程度かなと思う。

そこにいくとウチの傘立てはちょっと変わっていて、挿さっている物が沢山あった。傘が数本、ゴルフクラブが二本くらい、木製バットに金属バット、それから木刀が一本。親父はその日の天気によって手にする物が色々変わるようだ。

その騒がしい夜は
―向こうは鉄の塊だもんな。それならこっちも。

と言って金属バットを取って表へ出ていった。どこへ行くのかと一緒に外へ出るとスタスタと騒がしい青梅街道へ向かって行く。

すると「うるせぇ！　クソガキ！」と言って暴走しているバイクや車に向かって、持っていたバットを投げつける。

一台や二台じゃない。複数の車体にバットが当たる。

若い兄ちゃん達が井草八幡の入り口にバイクを停めて親父を囲む。

こっちはまだ小さな子供で、離れた所でどうなるのかと見ていると、しばらくして恐いお兄さん達が「すみませんでした！」と叫びつつ、バイクにマフラーをとりつけ、静かに帰って行った。

父の日のプレゼント

小学生の頃、父の日のプレゼントに何が良いかなぁ、と考えていた。

そんな可愛い幼少期をちゃんと持ちあわせていた。

お小遣いを使うのはもったいない。何が良いだろうか。

親父はマッサージが好きで、しょっちゅう腰に乗ったり肩揉んだりを兄貴とやらされていた。そこで思い付いたのが肩叩き券。

クーポン券の様にカッターで点線まで引いて十枚綴りを作った。

我ながら中々可愛らしいものを作ったもんだと母ちゃんに見せると、パパ喜ぶよ、と褒めてくれた。

夜になり父が帰ってきた。勇んで渡すと親父は

—なんだこれ？

—父の日だから肩叩き券！　これを使えばいつでもやってあげるよ！

—ふぅ〜ん。

あれ？　と思ったら、とたんに親父はその券を破いた。えっ？　と思うと親父は
—こんなもん使わなくても、やれって言ったらいつでもやれ。恩着せがましいことすんな。

えぇ〜……　泣きそうになるとリビングでそれを聞いていた母が凄い勢いで飛んできて親父の頭をバン！　と叩いた。

—なにやってんだバカ野郎！　喜んで貰え！！！

あまりの剣幕にみんなが驚いていると、悔しそうな顔をした親父がソッとセロハンテープで券を直し始めた。

喧嘩の極意

今でも身長が小さい。１６３ｃｍしかない。

私は産まれた時からずっと小さい子供だった。

産まれた時は２０００ｇあるかどうか、母は私を目黒の小さい病院で出産したのだが、産まれた瞬間から母の手に落ち着く間も無く、看護婦さんの腕の中そのまま別の病院に移されたとか。

母も「あんたの時は真太郎の時と違って、小さ過ぎて産まれたのか全然分かんなかったよ」とのことだ。

小学校入学時は99ｃｍ。１ｍなかったらしい。

中学入学時は１３０ｃｍだった。16歳でこの世界に入った時は１５０ｃｍだった。

前座修行中に13ｃｍも身長が伸びた。

小３から入った私立の学校は朝礼というものがなかったし、児童の集まりも名前順で特に整列というものもちゃんとしたのがなかったので良かったが、それまでの公立では毎日の朝礼や集まり事では必ず「前へ習え」があった。二列目からの腕をピンと前へ直す、あの動作をしたことがない。いつも両手を脇につけていた。

一度だけ手を前へ伸ばしたことがあったが、それは同級生が足を怪我して車椅子になった時だった。

二列目になったよー！　と喜んで帰って訳を話すと親父には腹をかかえて笑われ、母ちゃんには

―人の不幸で喜ぶんじゃない！　と引っ叩かれた。

そんな小さい人生を送っていた。

昔やっていたキムタクと常盤貴子主演のドラマ「ビューティフルライフ」の台詞の中で、車椅子の常盤貴子が美容師のキムタクに言った「あなたと私じゃ見えている景色が違う」という台詞にとても共感して気持ちが落ち着いた思い出がある。そのあと確かキムタクが車椅子の常盤貴子を歩道橋の上へ運んで「この景色は同じだよ」的なことを言った時に、あぁ、小さい悩みだなぁ、と感動した。

そんなだから喧嘩になると必ず負ける。負けず嫌いだからそれが嫌で喧嘩となるとやり過ぎる時があった。

小学6年の時、同級生と喧嘩をした。

本当に些細なキッカケだった。放課後みんなでサッカーをしていると、口の臭い先生と同じメーカーの靴を履いていた私をみんなが口が臭くなるといじり始めた。

最初は私もふざけていたのだが、それに盛り上がったみんながしつこく続けてくる。終いには普段私をイジってこない奴までイジり始めた。その内にだんだん腹が立ってきた私は、一度キレると止まらなくなってしまい、十数人いた同級生を片っ端から追いかけて捕まえては殴り、次の奴へ向かって行った。

ただ、私は尋常じゃなく足が遅い。高校の時分、身体測定で50mが9秒だった。

「ふざけてるのか!」と先生はもう一度やり直しを命じ、次に測ると9秒33だった。

そんな私なもので、長いこと追いかけ続けてもみんなを捕まえられず、中々終わらない。終いには、猛スピードで逃げていた特別仲の良い友達がゆっくり走って、わざわざ捕まってくれる始末。

そんな気の良い仲良しをボコボコに殴ってしまった。向こうもこっちが止まらないのでやり返してはくるが、こっちのダメージはお腹に軽くやられるくらい。そんな優しい友達を、私は顔面をメインにボコボコ殴ってしまった。その友達は口や鼻から血をダラダラ流していた。それに引いた友達は順々に謝ってきたりして、その喧嘩はお開きになった。

それから数日経ったある日の昼。親父から「ちょっと来い」と近所の喫茶店に呼び出された。

その時に父に言われた言葉。

―お前仲間をボコボコに殴ったらしいな。なんでやった？

そんな事で？　と怒られるのを覚悟してキッカケから何から親父に話すと、

親父はそれを理由に怒るでもなく

―お前は家族相手の時でも怒るとなると目つきが変わる。いつか言おうと思ってたがあの目つきはどんな理由があろうと友達や家族に向けるものじゃない。今のうちから直しなさい。じゃないといつか仲間を無くすぞ？　とにかく、その友達とは仲直りは出来ているのか？

―友達が優しくて向こうから仲直りのキッカケをくれた。

―そうか。友達に恵まれたな。

あのな、友達と喧嘩をする時は、何で喧嘩を始めるか、どのくらいの喧嘩をするか、どうやって喧嘩を終わらすか、特に最後の喧嘩の終わらし方まで算段がついてから喧嘩をしろ。その友達は明日仲間になる奴だ。終わらせる算段も無く無駄にズルズル長引かせるな。

いいか？　喧嘩をするなじゃない。男だから喧嘩をしなくちゃいけない時もある。表で知らん奴に難癖つけられて黙って逃げるような事はしちゃいけない。ただ、女を連れている時は格好なんかつけず女を逃して、それからお前も逃げろ。逃がしてからなら良いだろうと軽く考えて、お前がやられたら次狙われるのは女だ。絶対に逃げなさい。仲間と居たら、場合によったら仲間を守らなくちゃいけない。そういう時は喧嘩をしなさい。喧嘩に卑怯もクソもない。知らない他人とやる時は徹底的にやるんだ。

俺もずっと身長が小さかった。そういう小さい人間には小さい人間の喧嘩の仕方がある。まず、大きな相手と面と向かって相対したら、こっちの手は届かないだろう？「何だ、お前」とか口喧嘩は省け。遠くから何か言いながら近づいて来たら口を返す前に手を出せ。それから倒したら起き上がれなくなるまで、とにかく殴り続けろ。

相対してしまったら、まず急所（キンタマ）を蹴り上げろ、向こうがウッとなって頭を屈めたら顔面、特に鼻を殴れ、鼻を殴れば涙が出る、そうすれば前が見えにくくなる。それから相手を倒して、とにかく殴れ。起き上がられたら、俺らみたいな小さい人間は負けちまう。起き上がれなくなるまで殴り続けろ。

ただ、ここで難しいのが殺しちゃいけないことだ。素人はすぐやり過ぎる。ここの度合いが難しい。分かったか？　だから、喧嘩は難しいんだ。

これ以来私は殴り合いの喧嘩をしなくなった。

夜のピクニック

入門したての前座時分、小遊三師匠にお稽古をつけて頂いた。稽古のお願いに行くと「わかった。明日の9時に家に来い」

まさか、朝とは思わず、聞き返すと「朝に決まってんだろ。夜の9時は呑んでるよ。起きられないのか？　嫌だってんなら、来なくて良いよ」

慌てて「行きます！」

さぁそれから困った。9時に家ということは朝の7時半起き！　そんな時間に起きた事がない。もちろん起きようと思ったこともない。

優しいのは同級生で、夜席の寄席を務めて家に帰って寝たら絶対寝坊するので、夜から朝の9時まで一緒に呑んでてくれる、と言う。これは助かった、9時までに師匠の家に行けさえすれば大丈夫だ！　と12時間呑みを敢行した。

私は十代の間は本当に身体もお酒を受け付けず、ちょっとしか呑めないし、すぐに顔に出てたので素面で居た。お稽古をつけて頂くのに流石にへべれけで向かおうとは思わない。どうせ酔っ払って行って怒られたんだろ？　と思われた方がいたら軽く見ないで頂きたい。

さて、朝の5時に居酒屋を出され、友達は皆散り散りに帰って行った。

残り数人が7時までマックで話をしてくれ、それから方向が同じ友達が二人、師匠の家まで付いてきてくれた。

約束の9時まではもう少し。私と残ってくれた友人2人は、向かいの公園で缶ジュースを飲みながら時間をつぶした。

「おい、勇仁郎。そろそろ9時だ。もう大丈夫だな！　お稽古がんばれよ！」

仲間というものは本当にありがたい。

「ありがとう！　本当に助かった！」と皆と手を振り、別れた。

9時ピッタリ。師匠の家のチャイムを押す。

おかみさんが玄関を開けてくれて、優しい笑顔で「いらっしゃい。よく来たわね」

中へ通されると師匠がソファに座っていた。何も言わなかったが、どこか師匠の表情にちゃんと来たことに対しての安堵を感じた事は勘違いだろうか。

とにかくそれくらいの余裕を持ってお稽古に臨んだ。ジュースをご馳走になり一息つくと着物に着替え、稽古が始まった。


そして稽古が終わった。

いや、言葉を間違えた。稽古が終わっていた。

まさかの最初の数分しか記憶がないのだ。

まず思ったのは「どこからだ？　そしていつ終わったんだ？　何分前だ？」

兎にも角にもずっと聴かせていただいていた体で「ありがとうございます！」と言い、録音器を拾う。

師匠が一言。

「録音させてやったんだから早く覚えて見せに来いよ。分からない仕草や何かあったら聞きにおいで。まぁだいたい分からないだろうけどな」とニヤッと笑って帰してくれた。

あんなに慌てて噺を覚えたのは最初で最後じゃなかろうか。そのテープレコーダーには何故か師匠の声の他にクゥークゥーと寝息が聞こえていて師匠の落語を聴くのに邪魔だった記憶がある。

後日談として友達に聞いた。あの朝皆、学校を遅刻してくれていたらしい。

なんという夢のような話だろう。

夜の月

前座修行時分、一度切れ痔になった。正確には切れ痔まではいってなかったんだろうけど、お尻を拭くとちょっと血が付く程度。万が一でも着物に血が付いたら嫌なので母ちゃんに生理用ナプキンを借りた。すると母は
―なんでナプキン？

―お尻から血が出てるから着物に付くのが嫌で。

―今日は寄席は昼席夜席どっち？

―今日は夜席。

―あ、そう。じゃぁこれ。

出してくれたのがソフィボディフィットの夜用だった。

第二章「く」

苦労は明日の夢になる

ホーム、スイートホーム

小学校の半ばから高校二年くらいまで井草の井草八幡善福寺の向かいあたりの借家の一軒家で過ごした。

その前は生まれてから小学校二年くらいまで渋谷の代官山。私が生まれる前までは世田谷の用賀に住んでいたらしい。

父は毎日ちゃんとお家に帰ってくるというような人間ではなかった。帰るにしても電車のある時間帯ではなく夜中にタクシーを使って帰ってくる。当たり前だが毎回のそれは家計にとってかなりのダメージだ。夫婦で話し合った結果、多少家賃が高くなってもタクシー代を浮かせた方が良いだろうということになり渋谷へ引っ越したのだとか。なぜ電車のある時間に呑みを終わらせないのか、という疑問は沢辺家には抱かないでもらいたい。

小学二年のある時、ふらっと帰ってきた親父が急にみんなを集めて「引っ越すぞ」と言い出した。母ちゃんは

—なんで急に？

—代官山アドレスという建物が建つらしい。若者でやかましくなりそうだから引っ越す。

—あぁそう。まぁ分かったけど、どこに行こうかね、探さなくちゃね。

—あぁ、その心配はない。もう決めてきた。来週には杉並行くから。

家族はみんな、はっ？　と思った。学校とか色々手続き的なことは一切考えていない親父。それでも母ちゃんは借りてきちゃったのならしょうがないかと新居の間取りを見ながらもう家具を考え始めている。なったらなったでの切り替えの早さは見事だ。

車もそのパターンだった。何不自由ないのに知り合いにセルシオ良いよ、と薦められ、駐車場も無いのに親父はセルシオを幾らかで譲り受けてきた。ちなみに親父は車の免許を持っていない。母が

—今あるベンツはどうするの？と聞くと

—誰かにやっちゃえ。もう新しいのあるから良いだろう。一家に車は二つも要らん。

その感覚はあることに家族は安心した。こんな按配で引っ越しをしていく。とにかく突然の引っ越しで同級生とも泣く泣くお別れ会をしてもらった。

大人になってみると都内から都内の引っ越しなんて何も変わらないようだけれど、子供にとっては町内を離れるだけでも大変な冒険だった。区が変わるなんて異国へ行って二度と会えないかのような寂しい心持ちになる。

その杉並も編入して間もなく、三つ上の兄貴が学校で同級生と喧嘩をして問題を起こし、近所の小学校にはいられなくなった。といっても、兄貴のせいでいられな

くなったというより、その後の親父の行動のお陰様を持っていられなくなったのだ。親父は学校嫌いで、子供の行事にも殆ど顔を出さなかった。訳を聞くと一言。

「先生が怖いんだよ」と言っていた。

この兄貴の喧嘩の時も、最初は「子供の喧嘩だ。子供同士で始末を付けろ」と言ってそれ程相手にしていなかった。

ところがこの兄貴のやった喧嘩が思いの外大きな問題になってしまい、学校側が喧嘩両成敗にしなかった。相手の生徒の肩を持ったのだ。これに怒った親父は「ちょっと学校と話をしてくる」と言い、何故か傘立てから木刀を持って出て行った。そんな些細な出来事があり、杉並の小学校は二年の二学期だけで三ヶ月もいなかった。

さぁ学校をどうするかということになり、前に居た渋谷の学校に話をすると、そういう事ならまたおいで、と言ってもらって、母と子供二人だけ渋谷のアパートを借りて前の学校に出戻りということになった。
新学期が始まり、周りの同級生も何食わぬ顔でシレっと席に着いている私を見て
―お別れ会とかでみんなを集めて、餞別にプレゼントまで貰っといてその顔は
ダメだろう。プレゼント返せよ！
と怒ってきた。それはそうだろう。
出戻った渋谷の猿楽小学校もその後、一学期分しか居なかった。三鷹にある
私立明星学園に一人空きができたという事で編入試験を受けて見事受かったのだ。
我が人生において最初で最後の試験だった。就職も含めて本当に最後のような
気がしている。
それから十数年は杉並の家に落ち着いていた。
十七歳くらいの時だった。母方のおじいちゃんが亡くなり、母の実家の巣鴨の
家におばあちゃんが独りぼっちになる、寂しくなるだろうという事で、そこを建

て直し二世帯住宅に、と親父が提案しだした。

一階が兄貴とおばあちゃんの部屋、二階がリビング、三階が父と母と私の部屋。

おばあちゃんも、それは嬉しいと喜んだ。

そこで親父はどうせ建て直すんなら地下に麻雀部屋をと言い出した。

おばあちゃんも優しいので誰も文句は言えず、見積もりを出してもらった。

地下に部屋を造るとなるととてもお金がかかるという事で親父も断念。

あぁ助かった。と一同がホッと胸を撫で下ろしたのも束の間、地下が造れないのならと、なんとまさかの二階に自動麻雀卓を置く小上がりを造りだした。

間取り図も出来て、元の実家を潰し、さぁ建てようか！　というところで親父が倒れた。

なので、うちの実家のリビングには卓は無いけど不自然な小上がりがある。

親父倒れて良かったよ、麻雀卓の真下はおばあちゃんの部屋だったから。

シャイニング

私は長い事、母に甘えっぱなしの子供だった。小学校の四年生くらいまで夜になると必ず母の膝の上を定位置にしていたという。そういう恥ずかしい事というのはすぐ忘れてしまう性格らしい。今回家族で想い出話をしてビックリした。お風呂も親父とはしょっちゅう入っていたが、そんな年齢まで母とも入っていたらしい。とにかく一人で入るのを嫌がっていた。

あれは小学校二年生くらいの時だったか、いつもの様に母とお風呂に入り、母が頭を洗っている最中、母がうるさい、静かにしろ、と言ってきても言うことを聞かず浴槽の縁でふざけていると、母の逆鱗に触れた。

—うるさい！

シャンプーを流していたシャワーヘッドでガツン！

なんと私の頭に命中した。意識が飛んで湯船に浮かんでいる私を見て、頭を洗い終えた母が

―あら？　どうしたの？

どうしたのじゃないよ。頭が切れて血がダラダラ出ている私を母は脱衣所へ連れ出した。とりあえず体を拭いてくれる。頭を拭いて、さぁ病院へ！　そう思った矢先、母は傷口へ傷ドライをかけて絆創膏を貼りつける。しかし、髪が邪魔をして傷口へ絆創膏が付かない。

いやいや、病院連れて行かないつもりなの？

血も止まってないし、病院へ連れ行ってとお願いすると母は舌打ちをして

―チッ。これはさすがに病院か。しょうがない、行こう。

やっと夜間に車で荻窪病院へ行く事に。

病院までの道中、車の中で母は私に

―良い？　病院には行ってあげるけど、先生に何を聞かれても自分で階段で転んだって言いなさいよ？

―なんで？　嘘つきたくないよ。

―世の中にはついて良い嘘とついちゃいけない嘘があんのよ。もしお母さんにやられたって本当の事を言ったら、ママは刑務所っていう暗〜くて狭〜いおっかないところに何年も入れられちゃうんだよ？　勇ちゃんママと離れ離れになっちゃうよ？　勇ちゃんママのこと好きだよね？

―うん。

―離れ離れになりたくないでしょ？

―うん。

―じゃぁ、階段から落っこちたって言いなさい。分かったね？

―うん、分かった。
こんなやり取りがあって病院に着いた。救急に行って診察室に通されると、
先生と看護師さんが二人。付き添いの母も一緒にいた。
すると先生は傷口を診て
―僕、この傷はどうしたのかな？
―えっと、転んで階段から落っこちてしまいました。
―…本当の事を言ってごらん？
―いえ、本当です。
先生は母を見ながら私に向かってもう一度聞いた。それでも階段から落ちた
と先生に言うと、先生は
―お母さん。ちょっと外でお待ちいただけますか？
―はい？　どうして？

―良いから。出ていってください。

　母を診察室から追い出して、それから先生は私にもう一度聞いた。

―僕、嘘はつかなくて良いんだよ？　先生はお医者さんだから、傷口を見れば何でこの傷が出来たか大体分かる。これは階段から落ちて出来る傷口じゃないね？大丈夫だから、本当の事を言ってごらん？

　看護師さん二人も心配をしてくれて、私の肩にずっと手を添えてくれている。先生たちに囲まれて、私はなんとなく嘘をつくのが怖くなり
―実は。

―うん、実は？

―実は…

　本当の事を言おうと顔を上げた。先生を見ると先生の肩越しに診察室の外から薄く扉を開けて母ちゃんがこっちをガン見していた。

―本当に階段から落ちました…
先生は後ろに目をやり、溜め息を一つ。それから私に
―今回は分かったけど、もし何かあったら相談に来なさい。分かったね？
と言って、三針縫ってくれた。

蛇にピアス

小学校四年生の時分だった。あの時は、何も考えずに『思い立ったが吉日』で行動してた。夜に家族とK-1を観ていて、マイク・ベルナルド選手が勝った。キックがカッコいい選手だった。試合が終わると「マイク・ベルナルドになる！」と言って母ちゃんにスキンヘッドにしてくれるようお願いをした。

母ちゃんは

―そんなこと急に言われてもバリカンも無いし出来ないよ。明日床屋へ行っておいで。

すると思い立ったが吉日。今すぐ出来ないと嫌だと駄々をこねる私。

―嫌だ、今すぐやって！

母ちゃんになだめられてると父が
―母ちゃん。面白れぇじゃねぇか。やってやるぞ。カミソリ持って来い！
家族が面白がって私の頭を剃り始めた。ヒリヒリと痛かった。
しばらくして出来上がりを見ると、傷だらけだしマルコメみたいに青くなってる。
―思ったのと全然違う！　肌色のスキンヘッドになりたかったのに！
仕上がりを見て泣いている私を見て家族は大爆笑していた。
そんなマルコメ騒動の後、同級生が開けているピアスを見て
―いいな！　俺もやりたい！
思い立ったが吉日。早速ピアッサーを借りて家に帰って母ちゃんにお願いした。
―ピアス？　私も増やそうと思ってたところだよ。良いよ、一緒に開けっこしよう！

二つ返事でＯＫをもらって早速二人で開けた。

開けた瞬間の痛みはそこまでなかったけど、時間が経つにつれ段々赤く腫れてジンワリ痛みが出始めた。

だけど、そんな事お構いなし。鏡に顔を向けると自分の左耳に銀色に光る玉っ粒！

早くみんなに見せびらかしたくて親父と兄貴の帰りを待った。

しばらくすると兄貴が帰ってきた。見せると「かっけぇ！」と褒めてくれる。

私はピアスを開けた度胸と勇気で有頂天！

その後、親父が帰ってきた。

「お帰り！　見て見て見て！」とハイテンションで玄関まで褒めてもらおうと迎えに行くと
—あん？　なんだその耳たぶについた玉っ粒は。

―ピアス開けたの！　どう？

―ピアスゥ？　どれ。

と言って突然、つけたばかりのピアスを下に引っ張った。

ここで知らない人もいるかもしれないので言っておくと、最初開ける時のピアスはファーストピアスといって、先が針のように尖ってて少し太めに出来ている。

なもんで、ピアスが取れず耳たぶが裂けた。

―痛っ！！！

驚いている私の前には得意げになった親父がいた。

―男がピアスなんてやめときな。いざ喧嘩になった時の弱点を自分から作ってるようなもんだぞ。なっ？

あの得意げな顔はなんだったんだろう。口で言ってくれれば分かったのに、不器用な親父だ。

それから毎年のようにピアスをつけて、軟骨を入れれば左耳に４つか５つくらいに増えていた。

軟骨といえば、昔親父に右耳を切られたことがある。

小学校低学年の頃くらいだったか、私を床屋に連れて行くお金をケチって庭で親父がハサミを持っていた。

―俺はお相撲さんの断髪式にも出てるんだ。お前の頭くらい簡単だ。

訳が分からなかったが、嫌がると不機嫌になるので黙って頭を差し出した。

ジョキン
耳がものすごく熱い…

右耳の軟骨が落ちてきた。あれは痛かった。

見ると右耳の軟骨部分が綺麗に切れている。

でも人間の再生機能って面白いもんで、しばらく時間が経つと切られた部分が生えてきた。でも軟骨は再生しなかったみたい。今でも右耳の軟骨部分はペラペラしてる。

BASEBALL KID'S ROCK

野球が大好きだった親父。よくキャッチボールを一緒にした。

ただ一つ辛かったのが、硬球でしかやってくれなかったことだ。

よく分からないけど、親父の言うことには、『とにかく痛みに慣れろ』ということらしい。とにかく硬球を結構なチカラで投げてくる。小学校の低学年の時からだった。親父は野球選手の友達が多く、グローブも子供の頃から選手の名前の刺繍入りの試合で使ったものを使わせてくれた。

そんなだからかとにかく音が気持ちよかった。

兄貴はずっとサッカーひと筋だったが、私はバスケだった。といってもひと筋になれるほどスポーツは得意ではなく、なんとなくみんなと遊びでやって楽しければ良いくらいだった。

小学生の時分、ある時いつものように親父とキャッチボールをしていた。だんだんと盛り上がり、親父がキャッチャーミットを取り出してきて、ちゃんと構えて思いっきり投げてこいと言うもんだから、私はピッチャーになったつもりで、硬球を思いっきり親父のミット目掛けて投げつけた。何球かうまくストライクゾーンに入り、二人とも気分を良くして調子に乗ってカウントを取り始めた。ストライク、ストライク、ツーストライクワンボール…　さぁワンアウト取ろう！　と意気込んだ私の手からボールが離れた瞬間、あっ！　と思った。ボールは親父のミットには向かって行かず、代わりに隣に停めてあった母の車のフロントガラスへデッドボール。

どうしよう…　親父を見ると無言でグローブを片付け始めている。それから何もなかったかのように家に入って行った。

私は、さてどうしたもんかと、親父を見ながらフワフワしていた。親父もどこかフワフワしていたが、私がしょんぼりしているのを見かねてか「大丈夫。心配ない」としきりに声を掛けてくれた。

すると表で母ちゃんの声が

―あっ!! ガラスが割れてる! ちょっと!

その瞬間、親父はなんと便所に逃げ込んだ。母に便所越しに説明を求められても

―俺じゃない、俺はやってない。

の一点張り。親父は使えない、このままだと売られるのも時間の問題だと思った私は、とりあえず逃げるために表へ出た瞬間、母ちゃんに捕まってしまった。

硬球でしかキャッチボールをしてくれないからと言い訳をしながら謝っているとその脇を親父が着物を着てスッと出て行った。

その後、家で親父を見たのは二週間ほど経ってからだった。

ああ愛しき青春のヤクザ

中学のおしまい頃だったろうか。

親父の教育の賜物か、私の将来の夢は極道の道に進み、末には立派な親分になることだった。

中学校も最高学年に上がった春の話だ。

―中学を出たらヤクザになりたい。どこか修行をさせてくれるところを紹介してもらえないか？

私はとうとう意を決めて親父に願い出た。

向かい合って頭を下げる私に親父はしばらく考え込んだ末に「ちょっと待ってろ」と言い置いてどこかへ出かけて行った。

それから数日後の平日、学校で遊んでいると携帯電話に親父から電話があった。

親父からの着信なんてそうそう無いもんだからなんだろうと電話に出ると、

—今から福岡に来い。母ちゃんには言っておくから。航空券も取っといてもらっとく。

—え？　今学校なんだけど…

—そんなもんいいから、今から来い。

有無を言わさない親父。数日後の金曜日には親父以外の三人で福岡へ向かい、親父と合流して二泊三日の福岡旅行の予定だった。

私がとりあえずそのまま家に帰ると、すでに話は通っていたのか母から空港に行くよと言われ、言われるがままに飛行機に乗った。

福岡の空港を降りると、黒服の男数人が私を待っていた。

「痴楽師匠が待っています。どうぞこちらへ」と乗せられたのは黒塗りのセンチュリー。

着いた先はゴルフ場だった。

幼少期から親父に連れられ、打ちっ放しへ足を運んでいた私は、何でいきなりラウンドへ？　と不思議だった。

親父のところへ行くと、福岡でいつもご飯を食べさせてくれる優しい小父さんと二人で私を待っていた。

後半のハーフから私も入れてもらった。ゴルフを終えた親父と小父さんは、一服すると大浴場へ向かった。

平日だからか人は誰もおらず、自分たちの貸切だった。

しばらく他愛のない会話をしていたところ、いつもは銭湯でもサウナだ何だで長っ風呂を楽しむ親父が小父さんに「じゃ、後の事は宜しくお願いします」

そう言ってスタスタと浴場から出て行ってしまった。

私もよく知らない小父さんと二人で入り続けるのも落ち着けるものではないので一緒に上がろうとすると、小父さんが
—まぁ、勇ちゃん。ちょっと小父さんと話そうか。

そう言われて肩を掴まれた腕を見てみると、腕だけではなくわんさかと美しい彫り物が体を覆い尽くしている。普段は長袖にトックリしか着ていないものだから初めて小父さんの肌を見た。

そこには全身びっしりと墨が入っていた。

そこで、なんで私がここに呼ばれたかの訳が分かった。

その小父さんはまた湯船で身体を隠し、しばらく話をしてくれた。

—勇ちゃんはヤクザになりたいそうだね。本当かい？

—……はい。

―うん。勇ちゃん、小父さんのこの手を見てごらん？　覚えているかね、勇ちゃんはずっと昔、小さい頃に小父さんのこの手を見て「おじさんの手、何だか親指以外全部がとっても小さい」と笑いながら言っていたんだよ。

―すみませんでした。覚えてません。そんなこと言っちゃったとは…　本当にすみません。

―いや、良いんだよ。だけども、今ならこの手の意味が分かるね？

―はい。

―本当に、ちゃんと意味が分かっているかね。

あのね、この指には人の人生が懸かっているんだ。

しくじりの数だけじゃない。

この関節ひとつに何人もの何年分もが詰まっている。

憧れを持ったのは悪いことじゃない。

ただ、その道を極めるということは生半可な覚悟で出来ることじゃないんだ。

そこのところを料簡違いをしちゃいけないよ？

俺に成るか、俺の指に成るか。どっちが良い？

もし俺に成りたいと思うんなら、何もこの道じゃなくても良いはずだよ。

それでもこっちの世界に来たいと言うなら、七年後、東大を出てからもう一度小父さんの所に来なさい。筋は通してあげよう。分かったかい？

―ありがとうございます。

―よし。のぼせ上がる前に痴楽さんとこ戻りなさい。

そう言われて私はお礼を言うと直ぐに湯から上がり親父の居る部屋へ行った。

親父は、少しだけ私の目を見て、ホッと安心した顔になり一言
―どうする？　と聞いてきた。

―中途半端な憧れで生意気を言ってすみませんでした。

詫びを入れると親父は
―まぁ、俺が綺麗なとこだけ見せ過ぎたかな。

だけども、良いか？　お前、俺の商売知ってるか？

芸人だ、落語家だ。な？

この道だって極めようと思えば本当に大変な覚悟がいるんだよ。

芸人なんて商売も、あるところからは金を取るし、無いところからは取れねぇし、だけども何も金だけで動く訳じゃ無いんだ。

こっちに人を喜ばせたい、楽しませたい、笑わせたいという気持ちがあって、お客さんに喜びたい、楽しみたい、笑いたいという気持ちがあって成り立ってる。

ヤクザも噺家もやってる事は一緒だよ。

同じ極道だ。ただ一つ違うのは相手の気持ちだ。

相手を喜ばせるのか悲しませるのか、この感情一つ違うだけだ。
お前はどっちが良い？

この一年半後、私は人に喜んでもらう道を選んだ。

Santa

第三章「ら」

楽に生きたきゃ楽をしろ

バイプレイヤーズ

私は小学校二年まで渋谷の小学校に通い、途中一学期だけ杉並の学校へ、それから小学校三年の時に小中高一貫の私立明星学園へ編入した。

とても自由な校風で、その自由をはき違え遊んでばっかりの学校生活だった。中学も三年になると朝は学校には行かず吉祥寺で本ばかり読んでいた。昼休みになるとみんなとサッカーやバスケをして、午後の授業が始まるとまた外に。放課後になるとまた学校へ戻ってみんなと遊ぶか、部活のバスケをしに行くか、そんな生活だった。

中学校最後の三年の三学期、学校に行ったのは始業式の日と終業式と卒業式の三日だけだった。

これには訳がある。理由は親父だ。

冬休みのある日、正月の挨拶廻りも終わり、家でテレビをつけていると映画「男はつらいよ」が始まっていた。この寅さんに心を惹かれて楽しんでいると、親父が──なんだ、お前みたいな子供にこの映画の素晴らしさが分かるのか？と言ってきた。なんて面白い映画なんだ！と興奮する私に気を良くした親父が48作品全部を借りてきた。

それからは、親父と夜になって親父が帰ってくると夜中から朝方までこの作品を観るようになった。第1話から観始めて1日に3作品くらいずつ観ていた。レンタル期間が過ぎて返しては借りて返しては借りてを繰り返し、何遍観ても飽きる事なく3回ずつくらい観たろうか。

寅さんの言い立ては諳《そら》んじられるほどになっていた。

親父は仕事から帰ってきて夜から朝まで映画を観て、夕方まで寝る。それから仕事に出てって、帰ったらまた映画を観る。親父のそんなペースに合わせるように同じ生活をしていた。学校の時間は寝ている時間という事だ。夕方から親父が帰るまでする事もないので先に観始めたりする。しかしそれが帰ってきた親父に見付かろうものなら

―一緒に観るって約束だろ！　何勝手に観てんだ！　俺を待て！　このビデオは俺の金で借りたんだ！　とぶっ叩かれる。

土日は仕事で家に居ないもんだから、外で友達と遊んだりなんかしながら平日を待った。だもんで親父の時間に合わせるしかなかったのだ。

そんな生活を続けていたら、あっという間に三学期も終わりに近づいてしまった。

そのあと親父が借りてきたのは「仁義なき戦い」5部作だ。

これは幼稚園から小学生の頃も何度も観せられたので断ると

―大人になって気付く良さもある！　お前は今まで菅原文太しか見ていなかった。

もう一度観直せ！
と言うので観直して好きになったのが成田三樹夫さんだ。
それ以来、漫画もアニメでも脇役が好きになった。

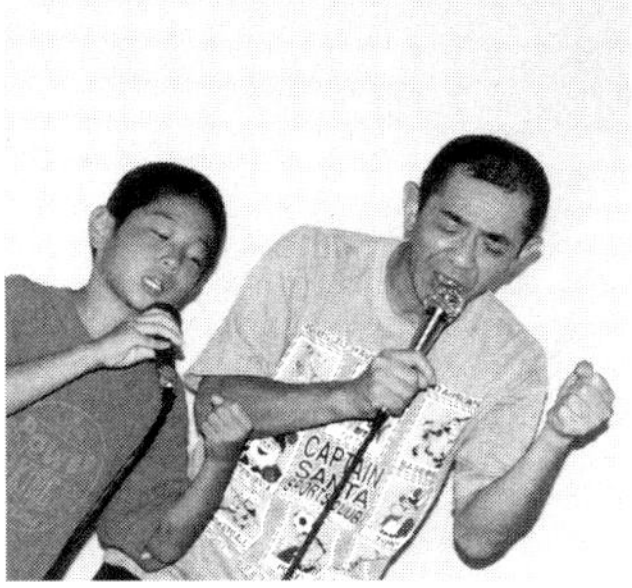

フレンズ

中学二年の夏。私は1ヶ月間だけイギリスへ行った。

昔から嫌だと思った事は絶対しない主義のわがままな子供だった。

幼稚園の頃から未だに変わらない。幼稚園の先生からも親への手紙の中に
―勇仁郎君は好きな事となると率先して誰よりも早く来てずっとやっていますが、嫌いなんだろうなぁと思う事には手も付けずボーっとしてます。どうしましょうか？

と書いてあった。

当時、自覚はなかったが、そうだったかもしれない。

嫌いな授業は受けない。給食も野菜は嫌いだから残す。そうするとお昼休みに遊びに行かせてもらえない。早く遊びに行きたいので、先生も落ちたものを

拾って食べろとは言わないだろうと、食べられない野菜は床に落としていた。もちろん先生も拾って食べろとは言わなかった。他のみんなも真似をするといけないので私だけ野菜を免除してもらっていた。

最低な子供だった。

小学校低学年の頃、算数の割り算が出来ない私に危機を感じた母は一度塾に通わせた。それでも通ったのは3ヶ月程度だった。授業が分からず、先生から、小学校三年生でなんでこれが出来ないいんだ？　と笑われるのに耐えられなかった。

我慢が利かない私はある時、母から預かり先生に手渡しをする月謝を持って、塾へ行かずに駄菓子屋さんへ行った。余ったお金は駄菓子屋で友達に奢って大盤振る舞いをした。あの時から私は宵越しの金を持たなかった。

それも2回ほどやっていたが、2ヶ月も無断で来ない私を訝しみ、先生が家に電話を掛けて発覚してしまった。

母からは嫌なものは嫌と言え！　無駄な金を使わせるな！　と怒られたのを覚えている。

そんな私でも英語だけは好きだった。

小学校四年生の時に毎週土曜日、友達のお姉ちゃんから英語を習っていた。初めて習った英会話は「I'm sorry to be late.（遅れてすみません）」だった。

その時から寝坊ぐせは変わっていない。

中学に上がってからは別で英語の塾に通わせてもらった。前科もあるので母は嫌がったが絶対に続けるからと約束をして、結局高校で留年をするまで通わせてもらった。

そこまで英語を好きになったキッカケは友達のお姉ちゃんの授業と海外ドラマの『フレンズ』だった。話が面白いのは元より好きになった言葉があった。

「I have no idea.」日本語にすると「知らない」「分からない」となると思う。この英語が好きだった。これは無知な私の揚げ足取りだが、日本の学校で習う「分かりません」は「I don't know.」これを分けて直訳すると「私」は「知る事」を、否定形で「しない」になると思った。知る事をしない？　知ろうともしない？　何だこの英語。そして日本の英語の授業では、それしか教えない。ところが海外ドラマを観ていると「I don't know.」はほとんど使っていない。だいたいが「I have no idea.」だった。これを自分なりに訳してみると「私」は「そのアイデア」を「持って」「いない」。この英語を聞いて、私は「今は」そのアイデアを持っていないが、「いつか」そのアイデアを得る、という気概のようなものを感じられた。そういったものは外国の人達の文化や国民性によって、そういう考え方になるものなのかどうなのかを知りたくて、英語への興味が深まった。

そんな揚げ足取りな説明を踏まえて母を説得し、念願の塾へと通うことになった。

それからはひとつ単語を覚えるごとに一々喜びを覚えていた。

そして中学二年の夏にイギリスへ行った。

家族旅行でハワイやサイパンなどへは行っていたが、今度はヨーロッパだ。何より家族は誰もいない。もう一人同級生も一緒に行ったのだが向こうでは寮生活。ワクワクとドキドキで胸が高鳴った。


行ってみると向こうは色々な事が日本の規格外だった。

まず校舎があって、すぐ近くに男子寮と女子寮があり、イーリーという田舎町ということもあって緑がとても多かった。生まれてから小学校二年生ごろまで育った昔の代官山を彷彿とさせてくれた。とっても広い道路。そして驚いたのは天候だ。突然ものすごい大雨になったかと思うと、これまた突然雨が上がりカラッと陽気な空になる。Tシャツ一枚で暑い暑いと言っていたかと思うと急に寒くなってパーカを羽織ったりする羽目になる。寒がりな私はこれに慣れる前に帰国をする事となった。

校舎の壁にもやはり外国感溢れる張り紙がしてあった。「NO! SEX!」と、やたら大きな字が印刷された紙がデカデカと張り出されていた。まだチン毛も生えていない身長約130センチの中二心に「まさか初めては外国人か!?」と淡い期待が沸き起こったのを覚えている。

生活をしてみると言葉の壁というものには大して困らなかった。

こういう時にスポーツって大事なんだなぁと感じた。

スポーツに言葉は要らない。スポーツの中で言葉の壁なんというものは、まるで無かった。

クラスは各階級に三つくらいあり、小学生くらいと中学生くらいと高校生くらいの階級に分けられていたが、休み時間は同じという事もあって、みんなでバスケしたり、時にはテニスやサッカーをして、すぐに仲良くなれた。

当時の私の外見は実に可笑しかった。中学二年で身長が130センチほどと極端に小さく、髪の毛は暗めのシルバーアッシュで左耳にはピアスが三つ付いていた。真面目な人間の多い日本人には珍しいと、女子やスポーツ仲間の男子からは『shorty（ショーティー）』というあだ名をつけられた。

外国でも私の生活は変わらず、数日後からは授業に出ずに、授業の無い上の階級の人達とバスケ三昧の日々だった。

何よりも苦しかったのが食べ物で、どうにも私の舌には合わなかった。

寮の食堂でのバイキングなのだが、果物のリンゴですら砂っぽくて食べられなかった。禁止されてはいたが三日目に仕方がないので学校を抜け出した。

食べられる物が何も無くお腹も空いてもう我慢の限界に来ていた私に、一緒に行った友達が日本から持ってきていた日清のカップヌードルを分けてくれた。普段から美味しく頂いてはいたが、カップヌードルというものがこんなにも美味しい食べ物というのを改めて知った。

カップヌードルを食べていると寮生が何を食べているんだ？　と、ゾロゾロと近づいてくる。みんなに一口ずつあげると、皆声を揃えて「なんだ、この食べ物は!?　日本は食べ物が美味しいとは聞いていたけどこんなに美味しい即席麺は食べたことがない！」と言って大絶賛の嵐だった。

日清とはまるで関係のない私だが、母国の食べ物、それも即席麺でこれだけ喜んでもらえるなんてと、ご満悦だった。

一頻《しき》り自慢をしていると、知らぬ間に台所は長蛇の列になっている。

みんな一口だけで良いから、スープだけで良いからと、カップヌードルをせがんでくる。

私はこれはいける！　と、ふと思い付き、それから国際電話で実家へ電話をした。

ースーツケースになるべく多く、詰められるだけのカップヌードルを送ってくれ！

数日すると日本から送られてきた。友達も使って送ってもらった大量のカップヌードルが部屋を満たした。

既に地元のスーパーを数軒ハシゴして、こっちで売っている即席麺の値段は調べてある。

一つあたり5ポンド。当時の日本円では1000円くらいだったか。寮のある学校へ短期留学に来られるくらいだ、お金はあるだろう。

売ってみると、これが飛ぶように売れた！

三日で送ってもらったスーツケース二個分が売り切れ、トラベラーズチェックしか持たず、現金が少なかった私の羽振りは見る間に良くなった。

これを同じ階級のロシア人のニコライというメガネが妬みだし、先生に私が裏で商売をしていると密告をした。すぐさま先生に呼び出され小言をくらった。

生涯で反省文というものは何枚も書いてきたが、英語で反省文を書いたのはあれが最初で最後だろう。

その同級のニコライというのは面倒な奴で、三個くらい上の兄貴が上の階級にいた。この兄貴というのが実におっかなかった。筋骨隆々で坊主頭、格闘技か何かをやっていたのか、みんなから「ソルジャー」と呼ばれていた。

私は、この兄貴のソルジャーとはとても仲が良く、ソルジャーの階級のハンガリー人とインド人とよくバスケをしていた。

ある時、スポーツが苦手であんまり運動系の遊びには参加をしてこなかったソルジャーを、私が一緒にバスケをしようと誘うと渋々乗ってきた。

動き方も分からないだろうからと負担の少ない10対10のバスケを選んだ。狭いコートに、とにかく人が入り乱れ、動くどころか居場所を探すのも一苦労。速攻をしようにも敵陣にディフェンス要員がすでにたくさん居るからそれも出来ない。何が楽しかったのか分からないが、これが非常に面白く、みんなで爆笑しながらやっていた。私にとっては非常に良いイギリスでの思い出だ。

イギリスでの寮生活も二週間が過ぎ、みんなとの距離も近づき、ホームシックどころか移住をしたいくらいに異国の田舎の雰囲気に慣れ始めたと思いだした時には、もうこの生活も残すところあと五日に差し迫っていた。

そんな時、ニコライの私への妬みがピークに達した。

毎日のように、日に何度も私に嫌がらせをしてくるのだ。それもまぁ子どもらしい嫌がらせで、正直なところほとんど覚えていない。実にくだらないイタズラだった。

書き手のタドタドしさに不十分な記憶が合わさったら、どんなに想像力の逞しい読者の皆様でも、もう出る答えは不鮮明というお手上げ状態だろう。

お詫びをするしかない。

一つだけ覚えているのは最後のイタズラだ。部屋のドアに付いてる取っ手の裏に歯磨き粉を塗りたくられていたのだ。どうだろう、この程度のイタズラを全部覚えていられる方がいたら是非、その記憶力の源をご教授願いたい。

それまでは何を言われても、何をされても相手にしてなかったのだが、なぜか私は、汚れた手を不思議がっている私を指差しながらゲラゲラ笑っているニコライと、その付き人みたいな二人組を見て、堪忍袋の緒が切れた。

部屋に戻って行くそいつらを呼び止め、おちょくりながら近づいてきた子分の顔面を殴りつけ、その勢いでニコライの方へ向かって行くと、こちらの勢いに負けたのかニコライは慌てて自分の部屋へ逃げ込んだ。

鍵まで締めてしまうもんだから、いくら怒鳴りつけても出てこない。仕方がないから床にうずくまっている奴の子分に泣きを入れさせても知らんぷり。

こちらもまだ中学生、意気がりも甚だしく今思えば非常にお恥ずかしいのだが、ここでケジメをつけなきゃ日本へは帰れないなどというバカな発想をしてしまっていた。

どうにもしょうがないのでドアを蹴破り、騒いでいるニコライの腹に拳を入れた。

すると、泣きながら地べたに手をついて謝るニコライが
―お腹は縫ったばかりだから殴らないでくれ。とシャツをめくり傷口を見せて哀願してきた。見てみると成る程、お腹の傷口から血が出ている。ちょうど手術をしたばかりとの事だった。

それでも私の怒りは収まらず「それならメガネを外して顔を出せ。気の済む

まで殴り終えたら勘弁してやる」と怒鳴った。

ニコライの方も防御の姿勢で詫びを入れてくるが、一向に聞き入れず腹を殴ろうとする私に、とうとうしゃくり上げながらメガネを取った。

三発くらいだったか殴ったところで、ふと見るとニコライは伸びていた。

満足した私は部屋を出ようとしたところで騒ぎを聞きつけた先生に捕まった。


と、ここで皆さんに知らせておかないといけない事がある。

ここまで読んで皆さんは私のことをなんて奴だ！　とお思いなのではなかろうか。流石に嘘だろうとお思いにならなれているのではなかろうか。

嘘はつきたくないので白状しておく。

ご想像の通り、嘘がある。

厳密には嘘ではないが、このままだとお互いスッキリしないので、どこから嘘だか正直に白状しよう。

そう。

堪忍袋の緒が切れ、奴ら二人を「Hey!!」と呼び止めたその後からの私は全部日本語だ。英語の「え」の字も忘れて啖呵を切っていた。

正直私に英語で口論をするなんという、そんな語学力はない。

皆さんの疑問、その通り正解だ。

さぁここで想像していただきたい。

―何してくれてんだゴルァ！

と子分を殴り、その勢いそのままの形相で

―待てや！　ロシアこらぁ！　逃げてんじゃねぇぞ、テメェ!!

と部屋の前まで追っかけて行き、ドアを叩きながら

—開けろ、こら！　聞いてんのか、おい！　開けろ、こら！
と怒鳴りつけ、日本語も分からない子分のロシア人に
—連れ出せ！　ボケっとしてんじゃねぇぞ、おい！　おめぇから片付けるぞ、こら！　さっさと呼び出さねぇか、こら！
それでも出てこないので、ドアを蹴破りニコライの胸ぐらを掴んで壁に叩きつけるとともに腹に一発。
地べたに這い蹲《つくば》り泣きながら謝る相手に
—訳分かんねぇ言葉使ってんじゃねぇぞ、おい！　日本語で詫びろや！　詫びが足りねぇんだよ、土下座しろ！　土下座も知らねぇのか、この野郎！　こうやんだよ！　こう！
手本の土下座を見せて、その真似をしているニコライに
—もっと頭を床につけろ！　ナメてんのか、てめぇ！　ちゃんと見とけ、こら！

通じるまで何度も何度もニコライに土下座を見せ、やっとこさニコライの綺麗な土下座を見られたところで、何か言っているニコライに
―あ？　何言ってんのか分かんねぇんだよ、さっきから!!　ジェスチャーしねぇか、バカ！
ニコライがお腹を出し、泣きながら「here! here! sorry! sorry!」
―あ？　何だテメェ、ハナっから傷持ってんのか？　それならメガネを外して顔を出せ。気の済むまで殴り終えたら勘弁してやる！　顔出せ、顔！　顔だよ！　顔！　フェイスだバカ！

このくだりを想像できるだろうか。
今思えば実に滑稽な喧嘩だった。
喧嘩に言葉は要らない。喧嘩の中で言葉の壁なんというものは、まるで無か

った。

余談だが、その後先生に捕まった私はこっ酷く怒られ、先生は私の右手を指差し、しきりに何かを言っていた。

自分の右手を見てみると手の甲が物凄く大きく腫れていた。

殴り方が下手くそだったのと何度か脅しに壁を殴ったからか、薬指と小指の付け根の骨が折れていた。

すぐさま先生に車に乗せられ小一時間はかかる病院へ連れて行かれた。

お医者さんは私の手を見て仕切りに何か尋ねてきたが、こちらには一向に何を言っているのか分からない。先生がお医者さんに「日本からの留学生で同級生と喧嘩をした。この子は英語が出来ない」と説明をしてくれた。

最初、私は二人の会話を聞いていて、先生の「Japan」「fighting」「can't speak English」しか分からなかった。

やっと状況が掴めたお医者さんは、二人を見てボ〜っとしている私に向き直り「You have a break.」と言った。

私は「キットカット？　ホワイ？」と意味の分からないことを聞き返していた。なんでここでキットカットが出されるんだろう。

違った。「have break a bone」「bone」「break」

お医者さんの見立てでは、なんと「break a bone」だった。

骨折は、骨が折れるのではなく「骨」が「壊れる」んだそうだ。

その後、先生と学校へ戻ったのは夜も遅くで皆はもう寝ていた。

翌日、先生に再度呼び出され、退校ということになった。みんなより三日早く帰ることになってしまった。

まぁ、しょうがないか。校庭に向かうとすでに話が広まっていたのか同級、上級クラスのみんなが私を待っていた。

何だろうと思ったら、最終日に書き合う集合写真がついた色紙にサインを書いてくれとの事だった。そんなのがあったのか、知らなかった、と一枚一枚みんなの写真の横へ「Yujiro Sawabe」と書いていくと

皆声を揃えて「No! No! No! Japanese Mafia Yujiro Sawabe, please!」

みんなの色紙には「Japanese YAKUZA Yujiro Sawabe」

ヤクザはマフィアなんかじゃない！　ヤクザはヤクザだ！

俺は怒った。

もちろん日本語で。

そんなサイン会も終わり、最後の方にソルジャーが待っていた。

仲は良くしてくれていたが弟をやられている。怒るのも無理はない。どんな理由があろうと私だって弟がやられたら、そいつを潰すだろう。

相手は筋骨隆々。一発で済ましてくれたら嬉しいなぁとソルジャーのもとへ向かって行くと、兄貴の後ろから弟が顔を出し、下を向きながら日本語で「スミマセンデシタ」と、詫びてくれた。

不思議に思い兄貴に目をやると、兄貴は私に

―弟が嫌な思いをさせてすまなかった。こいつは普段からずっと生意気で幼稚なやつだった。兄貴の俺がやらなきゃいけないことをユウジロウにやらせてしまって申し訳ない。

こう言ってくれた。

一度は移住をしたいとまで思えたイギリス。

もう少し長く居たかったな、移住とまでいかなくとも、せめて後三日間。

お祭りマンボ

私は中学の途中からお小遣いが貰えなくなった。

兄貴は高校の終わりまで貰っていたように思う。

真面目に毎日ちゃんと時間通りに学校へ行くような子じゃなかったからか。

何故だろうか、貰えなくなってしばらくして聞いたことがある。

前に書いたと思うが一日だけ家出をした時の事だ。家から吉祥寺までの自販機の下に手を伸ばして１８００円稼いだ日。

その前に小学生時分、家の前の井草八幡の毎年ある縁日での事。

三日間ある縁日。親父は自分の時代との値段設定の違いを知らないのか、子供達に５００円ずつしかくれないのである。

今時分、５００円で何が出来ようか、今より20年近く前でも綿あめ、りんご飴などのお菓子類は２〜３００円。たこ焼きは３〜４００円、宝くじやゲーム類は３〜４００円。５００円では上手くやって二つか三つしか買えない。モノによっては一つだけで１００円の余りが出来てしまう。うちの家はみんなこういうお祭りで使うために貰ったお金、何かで使うために貰ったお金で余りを作るのが大嫌いだった。映画を観に行く時に２０００円あったら、チケットを買って、残りはグッズや飲食に、最悪帰り道に使ってしまうのである。

もし余りが出来て、それを貯金箱に入れようものなら家族三人からクソミソに言われる。それもその日一日なんて生易しいものじゃない、親類一同に電話をかけ回って「こいつはそんなセコい料簡の野郎だ」と方々に言いふらされて、ひと月はそれをネタにされる。

そんなものだから、ヘタに余ったお金が出来てしまっては家に帰るに帰れないのだ。

ではどうするか。兄弟の考え方にこうも違いが出るとは思わなかった。

兄貴はとても可愛い真面目な考え方をする。

お祭りの初日と二日目はお金を使わず、目ぼしいものを見つけ、貰った500円の中で何と何を買おうか、それを考え、最終日の三日目に真っ直ぐそこへ行き、考えに考え抜いた二つを買う。

しかし本当のところ、これまた策士なもんで、お祭りの初日は、お金を使わず、ただ冷やかしでどのお店も見て回るだけ。二日目もお金を使わず見て回るだけ…と思いきや、テキ屋のおじさんとお話をして名前を覚えてもらう。さぁ、最後の三日目、冷やかしで馴染みになったテキ屋さんの同情を買い、負けてもらったり、オマケをもらったりする。なかなかどうしてレベルの高い遊びをする男だ。

私の方はというと、500円を握りしめ、脇目も振らずにまず向かう所はカタヌキだ。

今と違って私の幼少時分のカタヌキは、上手く出来たものにはその難易度によって決められたお金がもらえた。私は毎日この三日間のために腕を磨き、自分でヤスリで削ったマイピンまで持ち、1回100円でカタヌキを5枚もらい、それを5回やっていた。簡単なものは上手く出来ても新しいカタヌキ5枚と交換だったりする。その程度のものは殆どピンを使わず手だけで出来るようになった。

裏側を舐めたりしてズルをする人もいるのでテキ屋のチェックはとても細かい。中には悪いテキ屋もいて、調べているフリをして割ったりしてくる。向こうも商売なのでとにかく「ここがまだ」とか難癖を付けてくる。

若い女の子のところに行っちゃうと割ったりという意地悪はしないが、カタヌキをしたことがないのをいいことに全然訳の分からないチェックをしだしたりする。年の肥えたおじちゃんのところに行くと今度は割られたりする。ただ年配のおじさんは潔いもので、ちゃんと綺麗なものを持っていくと若い女の子より参ったを言ってくれるのである。チェックの最中にもそういった駆け引きがある。なのでこっちはチェックしてる人をチェックしなくちゃいけない。

そのカタヌキで元手の500円を3000円、多い時には5000円近くにして三日間遊び続けるのだ。

ある時のお祭り。いつもの様にカタヌキの屋台へ向かっていた。その参道を同い年くらいの子供たちが急いで奥にあるカタヌキへゾロゾロと走って行く。なんだろうとみんなの会話に耳をすませていると

─早く来い！　早く行くぞ！　今日のカタヌキには師匠が来てるんだぞ！　早くしないと師匠帰っちゃうよ！　早く！

カタヌキの師匠？　なんだろう、俺も会いたい！　そう思って私は急いでカタヌキの屋台へ向かった。すると、長テーブルの隅っこに子供達が群れになって

「師匠、師匠」と呼んでいる。近づいて中の様子を見てみると、親父が着流し姿にくわえタバコという形で子供達にカタヌキを教えていた。私が驚いて「なにやってるの？」と聞くと親父は
—おい、母ちゃんには内緒だぞ？

と言って、教えていた子供達から50円ずつ取って、帰って行った。

テキ屋のおねぇちゃんも嫌な顔をしていた。

親父は落語の師匠というよりカタヌキの師匠で通っていた。親父によると
—真太郎(兄)は、与えられたお金を限られた中で考えて使う。勇仁郎は手元に無くてもお金を作れる。だからお小遣いはあげない。

という事だった。縁日での事もそうだが家出をした時の件もあり、中学に入ってしばらくしてからお小遣いをもらえなくなった。

結局手元に残ったのは、先が磨き上げられたピンだけだった。

麻雀放浪記

うちの家はみんな賭け事が好き。

特に親父は好き嫌いというより、賭け事が主な仕事だったように感じる。

麻雀がプロ級に上手かったそうだ。

親父が死んでから母が言っていた。

―パパが麻雀出来なかったら、うちの家族は一家全滅、野たれ死んでた。

親父は遊び人だもんで、取っ払いでお金をもらったらその場で使い切って帰ってくるのが常だった。

歌丸師匠に聞いたことがある。昔は、東北の方やなんかで落語会が決まると、何日間も掛けて鈍行や寝台列車や何かで向かったんだそうだ。途中下車した宿で一席演って、その日のお足を稼いで、やっとメインの会に着いた時にはクタクタになってる、そんな旅だったそうだ。

今の時代は、新幹線や飛行機がものすごく便利になっているので、名古屋や静岡くらいだったら、たとえ落語会が夜の公演だったとしても、ちゃんと日帰りが出来てしまう。

北海道や博多でも、昼公演や夕方くらいに終わる会なら日帰りだ。いつどの季節に行っても食べ物が美味しい北海道まで行って、食べたご飯が幕の内弁当、なんという日はザラにある。

そんな時代の最中、うちの親父は一度地方に行くと、まぁ帰って来ない。

名古屋の一公演のために、一週間くらい帰って来ないなんという事がのべつにあった。

顔が広いのかなんなのか、その土地土地の友達と遊んでくるのだ。

たまに家に帰って来ると、そ～っと玄関のドアを開けて盗人のように入ろうとしたところに、その物音に気付いた母が仁王立ちしている。鬼のような顔で母ちゃんが親父に

―なんだ、おい。何しに来た？

―あぁ、母ちゃんか。いや、あの、ちょっと一服。

―何が一服だ。金は？

―あぁ、悪いな。使っちゃって無いんだよ。

―無いんだよじゃねぇんだよ。良いから出しな！

慌てて親父がポケットからクシャクシャの一万円札を1枚か2枚取り出して渡すと、それを受け取った母ちゃんが

―前座かお前は。もっとあんだろう。

―もう無いんだよ。

—跳んでみな！

親父がジャンプするとポケットからチャリンチャリン。

—まだあるじゃねぇか。

巻き上げられる。これを小さい時分から二階の部屋から見てる兄貴や私は、親父は情けねぇなぁ、と言い合ったもんだ。すると、親父は私の部屋へやってくる。

—おい、見てただろ？　母ちゃんに銭取られちゃった。ちょっと２１０円貸してくれ。

—嫌だよ！　なんで子供に借りんだよ！　小学生に小銭せびるな情けねぇな！

—タバコ銭がねぇんだよ、良いから貸せよ。

—しょうがねぇなぁ。

貸すと、そのまま親父は私の手に２１０円を置いて
—ちょっとタバコ屋まで使いに行って来てくれ。

―ふざけるな！　なんで金貸してパシリになんなきゃいけねぇんだ！

―良いじゃねぇか、行くの面倒なんだよ。じゃ、コーラ買ってやるから！

―コーラ？　そう？　じゃ、行ってくるよ。

―そうか？　ありがとう。んじゃあと１２０円貸してくれ。

こんな会話がしょっちゅうだった。

そういう生活でも楽しいもんで、お金が無いのに何故かいっつも美味しいものを食べていた気がする。その日暮らし感がものすごい家だった。

ある日の事、母ちゃんが親父に「生活費の金がない！　どうすんの！」と言い出した。

親父も「んなこと言っても俺も金ねぇぞ！」と言い返し夫婦喧嘩を始めた。

親父は、無いもんはしょうがねぇじゃねぇか！　と怒鳴り出して、どうするのかなぁと思ったら、家族全員集めて、みんなの貯金箱からお金を集め始めた。

そのお金を持って「ちょっと行ってくる」と言って新宿の方へ麻雀に出かけた。朝方帰ってくると、テーブルの上にはかなりの万札が散らばって置いてあった。

私が小学生くらいの頃、親父方のおばあちゃんが亡くなった。そのお通夜での事だが、親父の仲間も来てくれて中々盛大な（こういう言い方をして良いのか分からないが）お弔いになった。

夜も更けて、親族だけになり、待合室を仮眠室として使わせてもらい、想い出話でしんみりしていると、何やら階下が騒がしい。

耳をすますとおばあちゃんの仏様が納めてある部屋から。

なんだろうと家族で様子を見に行くと、なんと親父とその友達や噺家仲間がトランプを使ってドンピンをやっていた。

親父は負け込んでいるのか終いにはおばあちゃんへの不祝儀にまで手を出そうとしているところへ母ちゃんのカミナリが落ちた。

そんなお通夜だった。

毎年大晦日となると、日付けも変わろうか、さぁ新年だ！　という夜遅く、親父は家族を集める。それから兄貴と私にお年玉と言って裸の一万円札を渡してくる。

しかし、そのお金を引っ込めようとすると
—何やってんだ！　バカ！　それを引っ込めんな！　今から使うんだろう。

と言いながら親父はトランプを切り始める。

これは私の小学校低学年時分からの年末年始の恒例行事だ。

この後は朝まで家族四人でドンピンが行われる。

そして朝方になると兄貴も眠くなり、私も集中力が無くなっていき、貰ったはずの一万円は搾り取られるのだ。

みんなから回収し終わると親父は決まって一言

―俺はあげたぞ？　お前達が使っちゃったんだからな？

こう言うのだ。

しかし私も毎年これをやっていると小学校も終わる頃には、だいたいカードが読めるようになって来た。ワンデッキしか使わないので、勉強も出来ないのに確率という言葉を使うのもおこがましいが、勘というのか、顔を見ていて相手の手札、次に引くカードが、なんとなく当たるようになり、小６の年、なんと私は親父から二万円近く勝って終わった。

自分が負けて面白くなくなった親父は翌年、勇仁郎ももう中学に上がるしな！と麻雀を出して来た。

こうなってはもう家族は誰も手も足も出ない。

親父は牌を見ないのだ。盲牌というらしいが、ずっと親指を当ててスリスリしているだけ。それで牌が分かるという。

こっちは何も出来ないので面白くもない、親父も親父でレベルが違い過ぎて面白くなかったようで、麻雀はその年の一回だけだった。翌年からまたトランプに戻った。

そのせいか私は、賭け事は好きだが麻雀だけは未だに好きになることが出来ない。

第四章「ば」

バレても末に
会わぬとぞ思ふ

ラブ・ストーリーは突然に

親父は色んな人から可愛がられる性格らしく、落語協会、芸術協会、立川流、圓楽一門会と協会関係なく色々な先輩師匠方から可愛がられていた。

中でも志ん朝師匠から大変可愛がってもらっていた。

それもそのはずで、親父と母ちゃんの出会いのきっかけは、志ん朝師匠。

親父が志ん朝師匠によく連れてってもらっていたゴルフの打ちっ放し場、ここでアルバイトをしていたのがうちの母ちゃんだった。

これは余談だが、私が入門して数年してから、ある師匠に楽屋で言われた。

―おい、小痴楽。俺の事をお父さんと呼んでごらん?

――へ？

――いや、本当はな、お前の母ちゃん、俺の嫁になる予定だったんだぞ？

――ど、どういう事ですか!?

――へへっ。冗談だよ。いや、だけどな、俺が若手で独り者の頃、痴楽兄さんが『若い女紹介してやろうか？』え？　良いんですか？　『おう！　今度末廣亭連れて来てやる！　表で待ってろ』そう言うもんだから俺は喜んで言われた日に楽屋口で待ってたんだよ。な？　そしたら痴楽兄さんが通りの向こうから女連れて来たから、ありがとうございます！　って挨拶しようとしたら兄さん、こっちへ目配せして『後で！　後で！』なんだろうと思ってしばらく待ってると、兄さん一人で戻って来て『悪い、俺が付き合うことになった！　すまねぇな！じゃっ！』って帰ってったんだよ。

このくだり、母ちゃんに読ませて良いのか知らないけど。

話は戻るが、そんなこんなで志ん朝師匠には家族包みで可愛がってもらっていた。よくご飯にも連れて行ってもらった。

矢来町の師匠のお家にもお邪魔したことがあった。凄いお屋敷だった。

親父は師匠の女将さんと麻雀をしていて、師匠が私や兄貴の相手をしてくれるのだ。

母は師匠の様子の良さ、オーラの凄まじさ、これにやられてブリっ子して大人しい女を演じている。兄貴は小さい頃から落語が大好きで、志ん朝師匠となると恐縮して口が利けないほど静かになっていた。

私はと言うと、小学生だし落語を聴いていなかったので、師匠の凄さが分からなかった。とにかくオーラが凄いので『カッコいいおじさん』くらいにしか思っていない。

師匠は本当に優しく、ずっと笑って相手をしてくれる。そんな師匠の優しさに甘えて、私はずっと立ち上がって似てもいない物真似や、くだらないバカっ騒ぎをしている。本当に恥を知らないオツムの弱い子供だった。母はそれを見ながらずっと冷や冷やしてたという。

そんな私のバカを師匠はずっと聞いていてくれ、なんと「勇ちゃん。そこは、こうやった方が面白いよ」というアドバイスまでくれたという。

今思えば神の御言葉だ。そんな師匠に私は

―いいの、いいの！　こっちの方が面白いから！

と言ったらしい。

母は今でもこの時の事を思い出すと、あん時捨てときゃよかった、と言う。

睨み返し

開口一番下品な話で申し訳ないが、私は大便に弱い。

小便は結構我慢が出来るのだが大便となると未だにお尻の我慢が利かないらしい。

それも腸が弱いのか毎夜のお酒のせいか四六時中くだし気味だ。

我が落語芸術協会は年に夏と冬の二回、落語家から色物の先生方、若手、事務員で構成される協会員全員と普段お世話になっている客人で集まる寄り合いがある。

年末の寄り合いは着物かスーツの正装で、夏の納涼会は協会員は揃いの協会の浴衣で参加する。

この世界に入り前座修業も終えてしばらく経った25、6歳くらいの頃。今から5年前くらいか、結構最近だな…

毎回夏も冬も二つ目だけで別に呑みに行く。その年も夏の寄り合いの後で大勢の二つ目が残った。正直それほど好きじゃなかった先輩もいたので、あぁ、あんまり良いメンバーじゃないなぁ、今日は面白くないかなぁ、と気持ちが上がらないまま居酒屋へ入って行った。ところが呑み始めてしばらく経ってみると思いの外楽しいお酒になった。

何事も初めから決めつけてかかるのは良くない、という良い勉強になった。そんな楽しい一日、夜も更けて、さぁ帰ろうと、普段なら田原町から二駅だけ銀座線に乗り上野駅からJRというところを、浴衣に夏のジメジメに汗を浮き出されながらさわりと肌を纏わり撫でてくる夜風に誘われて、良い心持ちだし歩こう！　と仲の良い後輩を三人連れて上野駅まで歩いて帰った。

缶ビールを持ちながら隣に一人、数歩後ろに二人を連れて真っ直ぐ河童橋通りを歩いていく。

後輩の何気ない会話にも、気分も手伝い大笑いを連発してた。

あぁ〜、今日はなんて楽しいんだ！　なんて良い日なんだ！　と、後輩のボケにワッハッハ！　と笑った拍子に…　ピリッ
肛門から不吉な音がした。

あ！　もしや…　と思ったと同時に、たまに感じるあの感覚。出ちゃった。

どうしよう。浴衣は白生地、駅まではまだ20分弱ある。

まだ誰にも知られていない。幸い外なので臭いも風が他所へ運んでくれている。

ハッ、と後ろを見ると後輩二人。マズい、このまま歩かれたら臭いがバレる。

お尻と歩幅を締めながらゆっくりゆっくりみんなを前へ。

と、隣の後輩が「兄さん…　まさか…」

—シッ。言わないで！

一番年下の後輩に前を歩かせ、どうしたもんかと考えていると、前を行く後輩が

「どうしました？　兄さん。早く行きましょうよ」

—戻ってくるな!!

お腹の方も、もうダメだ。到底、上野までは辿り着けない。そう思っている

と同時に隣の車道に一台の空車のタクシーが来た。

何を考える間もなく右手を挙げる。

せっかくなんで歩きましょうよ、お金勿体無いですよ。と言う後輩を車へ乗せる。

先輩後ろの奥へ！　という空気の読めない、というのか嗅げないというのか、

そんな三人の後輩を後ろへ乗せ、私は助手席へ。

着物にブツが付くといけないので少々お尻を浮かせる。そして無言で窓を開けた。

すると、最初から気付いていた後輩が突然笑い出し、運転手さんと私を指差し

「このタクシー、前にウンちゃんが二人いる」と言い出した。

この夜は天国から地獄への最たるものだった。

人の気も知らないで。

楽屋の噂話というものの拡がりの速さには、どんなハイテクな世の中になっても、とても追いつかないだろう。そしてタチの悪いことに、みんなウケたいばっかりに、本当にあった出来事に尾ひれを付けて楽屋で披露する。最早違う話になっている事も数多ある。

例えば、誰かが風邪を引いた。こんな噂も三日も経てばその誰かさんは肺炎か何かで勝手に殺されたりしてしまう。とても怖いところだ。

それ以降、楽屋で私が笑ったりくしゃみをしたりして動きが止まると、すかさず前座さんが替えのパンツを持ってくる。その気遣いが頼もしくもあり、その反面心の奥底を傷つけられる。

しかし頼もしくもあるのは、それに助けられる事も多々あるからだ。

ある時、楽屋でみんなで笑っていると、その笑い声にそそのかされた私のお尻が、一緒になって仲良く笑い出した。最初は笑っていたお尻も途端に文句を言い出し、最後には可愛子ぶった音を出した。プッププップブーブーブリッ。

慌ててお便所へ駆け込むと、それに気付いた前座さんが、遠慮がちに戸の前へ。

―兄さん。パンツ買ってきますか？

ありがとう、と急いで買ってきてもらい、前座さんに心付けを渡そうとズボンのポッケを見るとお金が入ってない。お金を忘れて家を出ていた。

ダボシャツにステテコという姿でお金を借りようと新宿末廣亭の表の木戸口へ。するとと、木戸番のお茶子のお姉さんに笑われる。

どうしたんだろうと思い聞いてみると

―小痴楽さん、ステテコの社会の窓が開いてます。

新しいパンツを穿かずに表へ出て行ってしまった。

こんなにお尻の締まりが緩いのは昔からの我慢が足りないせいだろう。十六歳までの学生時代、大便を堪えるという事をしてこなかった。もう時効だから書かしてもらうが、昔から側に便所が無かろうがどこだろうがお腹が痛くなると辺り構わずズボンを下ろししゃがみ込んでいた。

中学生の時分、西荻窪駅から善福寺の家まで歩いていると、突然催した。ふと周りを見るとそこには善福寺川が流れていた。両脇に人が二人ほど通れる歩道、その歩道の間に柵があり下を見ると川が流れている。見晴らしは良いが人気もなかったのでその片方の歩道の電信柱に身を隠し、ズボンを下げしゃがみ込んで用を足していた。

早く出しちまおうと下を向き、膝に肘を載せて力強く踏ん張る。ふと前を向くと目の前の一匹の犬と目が合った。首の先を見るとリードが伸びている。そのリードを追っていくと目線の先にはフェンスに肘をついたおじいさんがこっちを見ている。
申し訳なさと恥ずかしさとにのしかかられ、咄嗟に発した言葉が
―何見てんだ、この野郎!!　なんか文句あんのか!?　こら!
ウンチングスタイルとはよく言ったものだ。

シェリー

私は甘える女が嫌いだ。

眉をハの字に曲げて大きな瞳を潤ませて、下から見上げるような甘えるような目を向けて願い事をしてくるあの行動。

この人と決めた相手にだけなら良いのかもしれない。だけど、決まってそんな目を向けてくる女性は向けた相手をこの人と決めてない。

中学生の時分。中学三年の三学期だ。私がつるんでいた男仲間連中と良く遊ぶ女子グループがいた。

その中の飛び切り可愛い一人の子が、私の仲間の一番ウブな一人に「毎日一緒に登校したいの」と言ってきた。

男の方は、高嶺の花とは思いつつも、その子のことが大好きでしょうがなかった。もちろん男は二つ返事で「OK」を出した。

数日間、毎朝井の頭公園から男の自転車でニケツをして仲良く学校へ通っていた。

男の方はもう付き合った気になり、のぼせ上がって仲間連中に自慢を吹きちらしていた。最初の頃、私達仲間はそんな訳がない、あんなかわいい子がこいつを選ぶなんてと笑っていたが話を聞くうちにどうやら瓢箪から駒が出ることもあるんだなと、前のめりに話を聞くようになった。中学三年の思春期。それも最後の三学期だ。小中高一貫で高校に上がってもずっと一緒とは分かっていつつも、その子のことが男は小学校の頃からずっと好きだったということも知ってる私達。

何か一つの終わりを迎える思春期の男どもの気持ちは逸った。

ずっと冗談にしてからかっていたはずが、いつの間にか本気で付き合えるんじゃないかと応援をしていた。

卒業式の日、高校に行って他の奴に取られる前に、とその男は意を決してその女の子を呼び出した。そして小学生の頃からの9年間の想いを告白した。しばらくして、近所の公園で朗報を待っている私達の前に現れたのは死人に道を譲られながら真っ直ぐこちらへ向かってくる一人の男だった。

話を聞くと、別段好いて登校したかった訳ではなかったという。

私には女の言ってることの意味が分からなかった。ただ駅から学校までの歩いて15分から20分の道のりが退屈だったのか、疲れるから自転車の後ろに座りたかっただけなのか。

男の気持ちは分かっていただろうに。分かってなかったとは思えなかった。なんで一緒に登校をしたいと言ってきたのか、それを聞きに行きたかった。

私はそれ以来16年間、その女の子とは口も利いてない。その子の顔を見ると殴りたくなるだろうから、居るだろう場所には行かなくなった。

計算や思わせぶりな女性の行動が苦手なんだろう。計算をするなら暗算をして欲しい。時折見えるノートの計算式に気づかないふりをするのは疲れる。

そんな私が大好きだった女はシェリーだ。

良い女だった。外国のやつでね。イギリスはイングランドの女だ。走るのが速いらしい。なんでも時速が56キロだという。その女は私が小学校一年生の時分に我が家へやってきた。我が家へ犬がやってくるということで家族四人、それはもうテンテコ舞いに舞い上がった。

どれくらい盛り上がったかというと、名前を決められるという命名権争奪戦だ。

親父がイの一番に「俺の知り合いが譲ってくれた。餌だって俺の金だ」と言い張ったが反対を受け、「それなら公平に」とトランプを切り始めた。

母と兄と私はカードを配る父をスルーして話し合った。

話し合いの結果、犬を前にして10メートル離れ、横一列に四人が並び、各々が付けたい名前を呼び、犬が寄ってきた人が命名権を得るということになった。犬がジッと向こうに控え、四人が横一列に並び、そこに居る誰もが「よーい、スタート」の合図を緊張した心持ちで待っていた。

そしてその時が来た。

「よーい…　スタート！」と母が声を出した。

その瞬間、犬が母めがけて猛ダッシュを仕掛けた。全員で「今のは無し、今のは無し」と無効になった。

仕切り直してもう一度。母が小さな声で「よーい、スタート」

私が一番大きな声で「ビックカメラ！」と連呼すると、犬は困った顔になり、頭を傾げる。兄を見ると無言で目を瞑り手を合わせて祈っている。後から聞いたら付けたい名前を唱えていたらしい。
父を見るとジィ～っと犬を睨みつけながらトランプを切っている。
と、母が静かに低い声で「シェリー。良いからこっちへ来なさい」と一言置いた。
途端に犬は一度頭を下げて静かに母のところへ歩いて行った。
シェリーの誕生だ。

改めて紹介をする。シェリー。イギリスはイングランド原産のウイペットという中型犬種。体が細く引き締まっていて、ドッグレースなどで走るようなしなやかな筋肉を持っていて、毛質が柔らかく短い毛に毛色も白と薄いベージュで世界地図のような模様をしている、上品な空気感がある犬だった。
性格もそうで、とにかくお高くとまった高飛車な犬だった。あれは生まれながらだったのか、母の側に寄り付いたから感染ってしまったのか。

飲み物にもうるさい犬だった。

うちの家族はみんなコーヒーが好きだったが、みんな好みが違った。

親父は薄いアメリカンに砂糖を入れる。母は普通のブレンドにミルクだけ、兄貴は砂糖とミルクの両方を入れ、私は何も入れない濃いめのブラックだ。

家族団欒でコーヒーカップを置いているとシェリーも交ざって来るのだが、母が入れたミルク入りしか飲まない。兄貴のミルクと砂糖のコーヒーも一口舐めるとなんか違うという顔をして離れてしまう。好みにうるさいやつだ。

本当に頭の良い犬だった。犬は家族の中で優劣を作ってその中に自分も入れるという。それは本当で、シェリーの中では父、母、兄、自分、そして最後に私。

こういった順番を作っていた。

一番は母だと思っていたが、そこがやつの頭の良い所で、簡単には分からないが何だかんだ母が父の後ろにいることを心得ていた。兄貴が上なのは散歩に連れて行ってくれるからだろう。私は引っ張られるのが嫌なのと面倒なのが手伝って滅多に行かなかった。

そんなことだから上三人の言うことには、なんとまぁ素直に従うのだが私の言うことは、ちっとも聞かない。聞かないどころの騒ぎじゃない。

ある日の事、シェリーが散歩に行きたいとせがんでうるさい。母を見ると何やら家事で手が空いてない。面倒なので無視をしていると、玄関と居間をバタバタと往復して、テレビに集中が出来ない。仕方がないので、「分かったよ！」と玄関に行って首輪をはめようとすると、こっちを見て「…お前か。なら良いや」と言った顔で座布団の上にふて寝する。

家族が外出していて一日中、私とシェリーしか居ない日もあった。私が寝ていると、お腹が空いたのか「クゥーン、クゥーン」と私の近くで鳴いたりなんかする。

私は可愛いところもあるじゃないかと、お椀にドッグフードを入れる。

すると、「それじゃない」という顔で冷蔵庫を見上げる。

冷蔵庫の中にはシェリーの好きなお菓子が入っている。なんだ、そっちが食べたいのかと、冷蔵庫の中からお菓子の袋を取り出し、「これ？」と聞くと、シェリーは頷く。

お菓子を手に取りシェリーに向かって「お座り」…　そっぽを向く。何度言ってもそっぽを向く。数回もやると「もう良いよ」という顔で座布団へ戻り、横っ座りにふて寝する。

こっちが謝り、お菓子をシェリーのところまで持って行くと、体勢も変えず頭だけを上げて、こっちに向かって顎を下にクイックイッと動かす。まるで「そこに置け」と言わんばかりである。仕方なく置いてみてもまだ口をつけない。なんと、こっちに向かって「向こうに行け」と言うように、鼻を横にクイックイッとやる。腹立たしいが仕方なしに離れると、こっちを見て、ちゃんと離れているのを確認してから食べ始める。まるで「お前からは施されん」と言わんばかりだ。

そんなシェリーはカフェラテのお陰か父が死んだ翌年まで16年くらいの長生きをした。私のことを人間と理解していなかったのか、そんなもんだから16年の間ずっと私とは犬猿の仲だった。

ただ、晩年の半年くらいか、最期に仲良くなった思い出がある。

目が白く濁り白内障を患いがちになった老犬のシェリー。シェリーが来た時から渋谷、善福寺とずっと畳住まいだったが、晩年の数年はフローリングの螺旋階段の三階建てに変わっていた。足腰が弱まっているところへ持ってきてフローリング。ある日、帰宅した母の出迎えに慌てたシェリーは足を滑らせて螺旋階段から落ちてしまった。歳で骨が弱っていたので複雑骨折して、そこから歩けなくなってしまった。

立っこともやっとで、好きだったお散歩にも行けなくなった。たまに兄貴が抱っこして外の空気を吸わせに出掛けていた。

ご飯や水を飲むのも辛そうなシェリー。

そんなシェリーがかわいそうになった私は、水を口に含んでシェリーの口元へ持って行き、ちょっとずつちょっとずつ口移しをしてやった。

それが嬉しかったんだろうか、それ以来、クゥーンと鳴くと、眉をハの字に曲げて大きな瞳を潤ませて、下から見上げるような甘えるような目を私に向けて、お水の催促をするようになった。

あまりに可愛いもんだから何度もお水を飲ませて、挙句にドッグフードまで口にしてしまった。

だから私は甘える女が苦手なんだ。

供花

私の親父のお墓は神楽坂にある。
沢辺一家は不信心だ。特に私と母はいい加減に出来ている。
親父が死んだ翌年。命日の日の朝、母はみんなに
―今日はパパの命日だからね。毎年とは言わないけど今年くらいは早く帰って
来てみんなで仏壇に手を合わせようね。9時45分に亡くなっちゃったから、その
時間にはお家に帰って来なさいね。呑みに行っちゃダメだよ。
そう言うものだから夜席が終わり真っ直ぐ帰った。
亡くなった時間になると三人で手を合わせ、思い思いに目を瞑っていると母
ちゃんは

―はい。おしまい。じゃっ！

どっかに行こうとする。どこへ行くのか聞いてみると

―22時から近所のみんなと呑み会あるから！

と言って出て行った。私も私で新年明けても寄席だ仕事だで正月はバタバタなもんで墓参りは後回しだ。滅多に行かないので、たまに行ってもどれが親父の墓だか分からない。私より神楽坂に住んでいる友達の方が墓に詣でてくれている。夢之助師匠なんかは親父の向かいの場所が空いていて、るって聞いて、すぐにそこを買ってお墓を建ててた。死んだら入るらしい。米助師匠も「俺もそこ入れて？」って言っていた。小遊三師匠も「俺も半分そこ入ろうかな」仲が良いね、本当に。後輩からしてみると、墓参りが楽になるからぜひそうして欲しい。

大事な落語会の前なんかは、同級生からメールが来たりする。見てみると神楽坂に住んでる友達からの

―お前今日、大事な賞レースだろ？　お前の事だから親父さんに手を合わせに来たりなんかしてないだろうから、俺が代わりに報告しといたよ。

という写真付きのメールだった。

なんて良い友達なんだろうと、添付された写真を見てみると、同級生がサングラスを着けて親父の墓に片肘突いてピースサインをしている。

やっぱりバカだ。

二つ目になって三年目、独演会をやってみようとゲストに歌丸師匠とまねき猫先生に出て頂き、春日の文京シビックホールを借りた。母ちゃんに受付をやってもらい車を出してもらった。文京区なので親父のお墓も近いということもあり、タバコの一本でも手向けようと思って、母ちゃんにちょっと寄ってもらうように頼んだ。すると母ちゃんは

―時間の無駄だから、そんなの良いよ。

―いやいやいや、ちょっとだから、寄ってよ。

―しょうがねぇなぁ。すぐ済ませよ？

墓地に着くと私は走って親父の墓の前へ。火を点けたタバコを墓前に置いて手を合わせていると、母も走ってやって来た。すると遠くの入り口で突然、パンパン！　柏手を打って「おい、いつまで拝んでんの？　早く行くよ！」と言って行ってしまった。

不信心の極みはお墓だ。

1回忌の法要で小遊三師匠や米助師匠始めみんな集まってくれた。

お墓に手を合わせてる時に小遊三師匠が
―痴楽さんは遊び人だったからなぁ。家にも帰って来なかったろ？　こんなにこうやって集まって手を合わせてやってるってのに、多分こんな中居ないで、今頃どっかに遊びに行ってるよ。

みんなで笑いながら「それもそうだな」と帰ろうとしたところに、また小遊三師匠が
―あれ？　この墓、字が間違ってないか？
みんなで「え？」傍に寄ってよぉく見てみたら全然違う字だった。
本当は名字を『澤邊』と書くのだが、難しいので普段はみんな簡単な『沢辺』と書いていた。お墓なんで正式な方でと母が墓石屋さんに『澤邊』で頼んだんだが、間違えて『邉』を『邊』と書いてしまった。すぐに墓石屋さんに問い合わせたが、作り直しとなると、また新たにお金がかかるとの事。そう言われた母は
―適当に書いちゃったけど、向こうも商売なんだから、こんな字は無いと思ったら確認すんだろうよ。えぇ？　どうしよっかねぇ。まぁ、字に一番うるさい人はこの中にいるんだ、気が付かないだろ。このままにしとこう。
と言い、それで話がまとまった。

なので今のところウチの家族は『澤ふぇ』の墓に手を合わせている。

終章「な」

為せば成る
為さねばならぬ
事ばかり

鮨詰

歌丸師匠には入門してからずっと可愛がって頂いた。ただ、師匠の死期を早めてしまったのは私かもしれない。

付き人としてカバン持ちで側に居させてもらいながら、本当にいろんな事を教えてもらったり、お話をしてもらった。

歌丸師匠は前座だろうが誰だろうが必ず「さん」付けで名前を呼ぶ。

ただ、私の事は「ちぃ坊」と呼んでくれた。これは、親父も上の人からそう呼ばれていたニックネームだ。

あれは二つ目に上がって3年くらい経った時の事だ。

地方での落語会。移動中の車の中で歌丸師匠が

―ちぃ坊。二つ目になって何年だ？

―3年が終わりました。

―そうか。じゃぁ、真打ちまで後7年くらいはかかるなぁ。ちぃ坊の披露目には私はいないなぁ。

そう言われて、思わず私は考えてしまい

―そうですねぇ。

と答えてしまった。すると師匠は静かに教えてくれた。

―ちぃ坊な？　いいか？　こういう時は、本当にそう思っても「そんな事ありません」って言うもんだぞ？　覚えておきなさい。

―あ、失礼しました。そんな事ありません！

―遅い。今の教えにそんな事ありませんって言ってるみたいになっちゃってる！良いか。ちぃ坊。私の目の黒いうちは絶対ちぃ坊を真打ちに上げないからな！

そう笑ってお話ししてくれた。

去年の２０１８年の夏、師匠は亡くなった。

それから秋に真打ちの話が出て、暮れに昇進を決めて頂いた。

師匠は有言実行だ。でも、歌丸師匠には口上に居てもらいたかったなぁ。

これも、どこかの地方公演の帰り。主催の方からお土産に師匠と私に、お寿司のお弁当を二つ頂いた。

私は師匠のカバンと自分のカバン、それとお弁当二つを抱えて空港へ向かった。

私はお腹が空いていたし、荷物になるので早く食べたかったが、歌丸師匠はお宅に帰って晩御飯代わりに食べると言う。

それなら私も、と膝の上に二つのお弁当を置いていた。すると隣に居た師匠は「あなたはお腹空いてるだろう。私に気を使わず、飛行機の中で頂いても良いんだからね」そう言ってくれたので、その言葉に甘えて空の帰路にて頂いた。

流石、歌丸師匠に出すお寿司だ。とっても美味しい。こんな美味しいものを頂けるなんて付き人というのは幸せだなぁと、マグロやエビを平らげる。

私はお寿司が大好きだけど雲丹や貝類が苦手だった。勿体無いけど残すことにした。

お腹も一杯になり、しばらくして飛行機は羽田空港へ無事到着。私はお弁当と師匠のカバンを持ち、師匠の後をついて行く。空港へお迎えの車が来ており、運転手さんに師匠のカバンを預け、師匠のお弁当を渡し、お見送りをした。

翌日の朝、師匠のご自宅へお礼の電話をすると、何やら様子がおかしい。いつもなら師匠に繋ぐ事なく代わりにお礼の言葉を受け取ってくれるはずのおかみさんが「あらぁ〜。あなた、お父さんが怒ってるわよ！（笑）今電話替わるわね」おや？　怒ってる？　昨日は珍しくなんのミスもなく、しくじらなかったはずだ。間も無く師匠が電話口へやってきた。

―もしもし

―あ、師匠おはようございます！　昨日はありがとうございました！

―はいはい。ところでちぃ坊、昨日のお弁当、飛行機で食べてたな。

―はい！　頂きました！　美味しかったです！

―そうかぃ。それは良かった。お寿司だったよな。

―はい！　あれ？　師匠、御自宅でお召し上がりにならなかったんですか？

―いや？　食べたよ。二貫だけ。

―あぁ、お口に合わなかったですか？

―いや、とっても美味かった。ところでちぃ坊、あなたは雲丹と赤貝だのの貝類は食べられなかったな？

―はい！　苦手なんで残しました！

―うん。その残した弁当はどうしたかな？

―申し訳ありません。食べられなかったので空港で捨ててしまいました。すみません。

―うん。私はその二貫しか食べられなかったよ。

―えぇ？　師匠、マグロとか好きだったじゃないですか！

―好きだけど蓋開けたら入ってなかったから、雲丹と貝しか。

―……え………

―そういう事だ。お前は、私の手のつけてない弁当を捨てて、お前の残り物を私に寄越したんだよ。

―わぁ～！　申し訳ございませんでした！！！

―許しません。

ガチャっと切られた。

✿

後列左から瀧川鯉丸、三遊亭小笑、桂伸三、昔昔亭A太郎、春風亭昇々、笑福亭羽光、神田松之丞、前列左から春風亭柳若、桂歌丸師匠、春風亭昇也、柳亭小痴楽

グリーンピース

食べ物の事で歌丸師匠との思い出は尽きない。

横浜には中華街というのがあるらしい。今では中華を良く頂くが、二十歳前後の頃は、あんまり得意ではなかった。

生まれも育ちも横浜は真金町の歌丸師匠。だからかは知らないが師匠は中華が大好きだった。

私が二十歳前後のある時、当時の恋人が横浜デートをしたいと言い出した。恋人に美味しいものを食べさせたいと思った私は歌丸師匠に相談をした。

―師匠。今度横浜デートしたいんですけど、オススメの美味しいご飯屋さんありませんか？

—女の子を連れて行くのか？　ちぃ坊が？　ふぅ〜ん（笑）

だったらちょっと頑張って横浜の中華街へ行ってみると良い。美味しいお店がいっぱいあります。私がよく行く美味しいお店をいくつか教えてあげようか？

—中華ですか。あんまり好きじゃないんですよね。他にありませんか？

—……二度と横浜に入ってくるな。

ピシッと、一刀両断。

考えてみたら師匠とのご飯は中華多かったな。そんなやり取りから数年後。

私も中華が好きになり、師匠に改めて中華街のオススメ店を電話で聞いてみると

—あなたには教えたくありません。

ピシッと切られた。

そんなもんで私はまだ中華街に足を踏み入れたことがない。

歌丸師匠にはカバン持ちやお仕事で本当に色々なところへ連れて行って頂いた。

二つ目に成り立てのある時、歌丸師匠の一門会で私も出番を頂いていた。その楽屋で師匠が

―ちぃ坊、1月21日から27日まで空いてるか？　九州だ。27日の昼には帰ってくる。

それを言われてスケジュールを確認すると何も入っていなかった。すぐに返事をしようとして私は

―空いてます！

―うん、空けといてください。

―はい、ありがとうございます！　21～27日っと。師匠これは遊びですか？

―仕事だ、バカ。なんで私が好き好んでちぃ坊と一週間九州に遊びに行かなきゃいけないんだ。

―間違えました、すみません！

―ちぃ坊は暇で良いな（笑）

これの言い訳をすると、私は高座の仕事と、高座の無いカバン持ちだけの仕事と気持ちを分けていた。そのどっちかを聞きたくての質問だったのだが言葉を間違えた。いや、言い訳にもなっていない。

とにかく一門の師匠方はみんな顔が青ざめていた。

そんなこんなで頂いていた九州旅こ・・ 巡業。これは前日入りと帰り日合わせて一週間で熊本、長崎、福岡を廻る長旅の巡業だった。なんとこのお仕事、小三治師匠が若手と言われるくらい昔から続いている歴史ある仕事。歌丸師匠と小三治師匠と、昔は先代圓楽師匠とだったり談志師匠とだったりの三人会、毎年ず〜っとやっている公演。

各師匠が付き人として一人ずつ若手を連れて行ってくれる。

何年も連れて行って頂いた。毎年毎年行く毎にしくじりを重ねてしまったが歌丸師匠は見放さず懲りずに連れて行ってくれた。

私は毎年一月の後半に行く、このお仕事が大好きだった！

ここの仕事が毎年、その一年のしくじり初めだった。

最初の年は前座の最後だったか、歌丸・小三治・木久扇師匠の三人会。

この年のしくじりは長崎での打ち上げの中華店にてだった。

木久扇師匠がとにかく優しい。

この社会しか知らない世間知らずな私で申し訳ない。どの社会も同じかもしれないが、この世界は出てくる食べ物にまず上の人から箸をつけていく。先に箸を割ることも許されない。

食の細くなったお爺ちゃん師匠達とは違い、十代の成長期の私はお腹グゥグゥだ。しかし私の身体は天邪鬼なものでお腹はすぐに減るが実に小食に出来ている。

そして、これもどの世界も同じだろうが出して頂いた食べ物を残す事を絶対にしてはいけない。お皿に載った葉っぱ一枚残してはいけない。これが実に大変だった。だったというか正直私は小食過ぎて守れなかった。

そんな私を知ってか知らずか、木久扇師匠が中華のターンテーブルに運ばれてきた八宝菜や野菜あんかけを小皿によそって私の前へ回してくれる。

—ちぃちゃん、お食べ？

なんと優しいことか。涙が出てくる。

しかし私の身体は天邪鬼なもので好き嫌いがとても激しいときている。

野菜全般が食べられないのだ。

お礼を言って一口箸でつまんで口に持っていく…　涙が出てくる。

私が野菜をまるっきり食べられないことを知っている歌丸師匠は笑いながら私に

—ちぃ坊、木久扇さんがよそってくれたよ？　早くお食べよ。

誰にも言わないでもらいたい。生意気なのは重々承知だ。これ以上しくじりたくないのでここだけの話にしてもらいたい。

あの時は師匠にイラっとした。

そんな時に天使が隣に座っていた。今の柳家小八師匠だ。当時二つ目で、ろべえというお名前だった。この兄さんがこの旅での小三治師匠の付き人だった。

兄さんは旅の始まりの羽田空港でこんな話をしてくれていた。

—お久しぶり！　ち太郎さん（当時の私の名前）四年ぶりくらいじゃない？

身長伸びた？

—はい！

—良かったねぇ！　この旅はいっぱい美味しいところに連れて行ってもらえるよ。

ご飯はいっぱい食べられる方？

―楽しみです！　だけど、実はめっちゃ小食なんですよ。

―あぁ、ち太郎さんは細いし、まだ小さいもんね。

俺、柳家で育ってるせいで、いっぱい食べられるから、無理しないでいいよ。

無理だったらこっちに回しなね。何か好き嫌いはある？

―野菜が苦手です。

―全部!?

―全部……

―それは大変だな。頑張ってね！

そのろべえ兄さんが、八宝菜の載ったお皿を前に、八宝菜の白菜の様な青い顔をした私を見た直後だった。

師匠方三人の会話中、三人が一瞬、壁の絵に目を向けた瞬間！　兄さんが私の小皿をサッと取ってサッと口に入れてサッとお皿を私の前に戻してくれた。

歌丸師匠。今だから言えますけど…　これですよ！

私は覚えている。歌丸師匠はあの時、こっちに目を戻して私のお皿に八宝菜が無いのを見ると、まず一番に目を向けたのが床だった。

するわけねぇでしょ！！！

そして次に目を向けたのは、ろべえ兄さんの口元だった。

モグモグしている兄さんを見て師匠は私にこう言った。

―ありがとうを言いなさいよ。

好き嫌いはいけない。だけど、歌丸師匠にも好き嫌いというのか苦手なものはあった。

師匠は鶏肉の皮が苦手だった。肉の部分は食べていたけれど皮の部分は残していた。

私は鶏肉の皮が大好きで、ある時に「失礼かもしれませんが、もし良ければ

その皮の部分を頂けませんか？」と聞いてみた。すると師匠は
―私が齧った後だよ？　良いの？

と言いながら皮を私にくださった。

それ以来、師匠は二人っきりとかだと私と師匠の間にお互いの食べられないものを置いて箸をつけ合えるお皿を用意してくれる様になった。私の苦手な野菜を師匠が食べてくださり、師匠の食べられないものを私が頂く。といってもお皿に除ける割合は9対1で私の方が多かった。

その九州旅の中華店でも、それをやってもらっていた。

流石の私も、あの木久扇師匠がよそってくださった八宝菜を丸ごと入れることは出来なかった。

そんな中、一度だけ苦手なものが被ってしまったことがあった。

それは締めを飾る炒飯だった。モノはグリンピース。

店員さんによって、なんともまぁ均等に取り分けられた炒飯というピラミッドの頂へ、最後にふた粒ずつ光り輝くグリンピースが置かれた。

全員の前へそのお皿がやってくる。私は取り分けられた炒飯が前に置かれた瞬間にグリンピースへ箸を伸ばした。

ふた粒つまんで師匠との共有皿へグリンピースを置いたその直後…　隣からも、ひと粒ポトンとやってきた。

恐る恐る隣を見ると、歌丸師匠もこっちを見ていた。

数秒間の時を刻む音が聞こえた。あの時は師匠と心が通じ合えていたと思う。

『どっちが食べる？』

ああいう時の、売れている方の間というものには敵わない。間髪入れず

―ちぃ坊、食べなさい。

―……

―ちぃ坊。

―……

―小痴楽さん。食べなさい。

―…師匠。僕の方が先に置きました。

―同時でした。

―…師匠。師匠はひと粒で、僕はふた粒です。

―一つに二つ増えたら大変だけど、二つに一つ増えるくらいは変わりがありません。

ぐうの音も出なかった。そして勝ち誇った師匠が最後に言った決め台詞がすごいもんで

―私は会長です！

ここで香盤を出されるとは思わなかった。

✿

【特別収録】澤邊家座談会

もうひとつの「まくらばな」

出演
澤邊佳子（柳亭小痴楽の母）
澤邊真太郎（柳亭小痴楽の兄）
澤邊勇仁郎（柳亭小痴楽本人）
進行・構成　ぴあ編集部　清水智宏

真打昇進披露宴を控え、準備に忙しい著者の実家に潜入！ 母とふたりの息子が語るエッセイの裏話や、父・痴楽師匠との仰天エピソードが満載。家族のマシンガントークは誕生日の話題から始まった

勇仁郎（以下・勇）誕生日の12月13日ってなんかの記念日だったよね。

真太郎（以下・真）サダム・フセインの身柄確保だって。

勇　違う違う！　任侠の人たちがお家回りをする日で、正月みたいな日だから縁起がいいんだよって親父が言ってた。正月の年神様を迎える日。そうだ鬼の日っていうやつ。

佳子（以下・佳）でもパパは、12月14日に生まれるのがいいなって言ってたのよ。

勇　何で？

佳　赤穂浪士の討ち入り（笑）

勇　親父はよく、『仁義なき戦い』と『寅さん』さえ見てれば、学校なんか行かなくても人生大体わかんだよって言ってた。

真　いや、俺は言われたことないよ。

佳　違うの。勇仁郎は夜中まで起きていてパパと勝手に好きでそういうの観てたから、その時に言ったんだと思う。

真　俺は『ランボー』とか『ロッキー』とか洋画だったけどなあ。みんな、コタツで寝てたよね。

佳　テレビ観ながらね。毎日大晦日な感じ。

勇　真はちゃんとしてたから、両親に「だらしねえな、部屋で寝ろよ」って言ってたの覚えてるよ。

佳　足の向きもちゃんと決まってたでしょ。

勇　３人の定位置だよね。

真　犬も、場所わかってた（笑）

親父は常に着物の袖にお金を入れてた。日当で給金を受け取っていたからかもしれないけど、その日頂いた分を大胆に使う。

佳　帰ってくると机の上に、裸で結構な額のお金を置くの。翌日、全部持っていこうとするから、そんなにいるのって聞くと、「何があるかわかんないからな」って言う。

勇　俺、まるっきり同じことやってるよ。

今もポケットに20万くらい入ってる。

真　ホントだ。なんで?

勇　何があるかわかんないから(爆笑)

そういえば、真は、よく親父とケンカしてたよね、俺はそんなになかったよ。

真　ジャージに木刀姿で待ち構えられたことあるもん。荻窪駅の健康ランドに二人で行って、仲良く風呂入って、帰りに親父にジュース買ってくれって言ったら、今飲まなくてもいいだろうって断られた。でも、今飲んだっていいだろうと(一同爆笑)

佳　たしかにね。

真　自分は飲みたい時に飲んで、みたいなわざと腹立つような言い方したんだよ。車から降ろされて30分くらい歩いて帰った。こっちはだいぶ冷めてるんだけど、むこうは怒りがフツフツと沸いていて、神社に来い!って連絡があった。15歳くらいの時かな。1時間くらい待ってたらジャージに着替えた親父が木刀持って現れた(笑)

佳　たぶんやられると思ってたから、ジャージに着替えてって言ったの。

勇　俺は知らないふりしてテレビ観てた。で、どうなったの。

真　神社では、何もせずに終わった。親父に殴ってみろと言われたけど出来なかった。やっぱり親は殴れないんだなと知った。

佳　普段はほとんど家にいない人だったけ

ど、思春期に入った息子へ父として何かしないと、と思ってたんだよ。やっぱり父親って違うんだなと。

それにしても、勇仁郎が落語家になるとは思ってなかったわね。

勇 息子にはどうなってほしかった？

真 それ気になるね。

佳 真太郎の方が寄席とか落語に興味があったから、もしかしたらこっちかなと思ってた(笑)。私もパパも子供に落語家になってほしいっていう思いはなかったよ。

勇 中学生の時に母ちゃんには落語家になりたいって言った。高校に上がったけど全然行ってなくて留年の危機だった。

佳 活を入れようと思って、学校からこのままだと進級できないって、通達があったってね。

勇 俺もう落語やるからいいよって言ったら、さっきの嘘だから頑張りなって。高校は出たほうがいいって(笑)

佳 逃げてると思ったからね。高校で自分のやりたいことを見つけてほしかった。

勇 先生は2年の2学期の最後のテストで追試をしてくれた。明け方まで先生がつきっきりで勉強教えてくれたのに、寝坊して追試に行かなかった。で、留年。でも学校は留年だしたくないから3学期皆勤したら免除してあげるってことになった。でも、

しらない間に授業は始まっていた（笑）。で、父親に相談したら病気で倒れちゃった。新学期が始まってすぐに、ちゃんと学校に行きなさいって言ってた母ちゃんから電話があって、本当に落語家になりたいんだったら父ちゃんの意識が戻ったから、今すぐ帰ってきなさいって。

佳　そしたら、パパは話を進めてくれていて、すぐに平治（現桂文治師匠）のところへ行けってね。噺家になるんだったら早い方がいいって。

勇　6月に退学届けを出しにいったんだけど、そしたら先生が、落語家なんかになってどうするんだみたいなことを母ちゃんに言った。

佳　私めっちゃ怒ったのよね、心の中では胸倉つかんでた(笑)

勇　職員室で先生方みんなが見ている中で「お前の年収いくらなんだよ、こっちはそれ以上に稼いでんだよ。ふざけんじゃねえ」ーって、啖呵をきった。

佳　なんの保障があって落語家になるんだみたいなこと言ったんだもん。

勇　そしたら、職員室の前に友達もみんな集まっていて、部屋からでたら友達が「勇仁郎のママかっこいい」みたいになって、なんで俺より人気あるんだよって思った。

佳　ありがとうみんな!!　ヒーロー気分。

真　留年のときは辛そうだったなあ。でも、落語家になって漢字書けるようになったね。

勇　本当に書けなかった。入門したときは、全部ネタ帳ひらがなで書いてある。

佳　前座修行の時、小学生のための漢字ドリルをやらせたもんね。

勇　友達がDSの漢字検定のソフトを買ってくれて、移動中ずっとやってた。でも、漢検は漢字を覚えても、書き順とかあるから試験には通らない。でも、落語のネタは覚えていく。普通の漢字はわかんないけど、落語に出てくる難しい漢字は書けるようになった。薔薇は書けないけど、蒟蒻（こんにゃく）は大丈夫みたいな。

佳　色紙のサインは上手じゃん。

真　めっちゃ字きれいな人みたい。

勇　なんべんも書いてるからね。サインはいいけど、お客さんの名前を書くことがあって、にんべんに、とか言われると完全にアウト。にんべんってなんだよ。ああ、「イへん」な（大爆笑）

一度ひどいケンカしてから兄弟あまり仲よくなかったんだけど、ある時に真が圓生師匠のＣＤを買ってきてくれたよね。

真　親父が亡くなってからだね。やっぱり家族で仲良くしなくちゃってね。落語家になりたいと思ったこともあったから、頑張ってほしい。お前は落語家になったんだから好きなものだけ聴いてもダメだぞってメッセージ。

勇　親父が倒れた時、俺いなかったね。

佳　パパと真と３人でレストランに行く途中だったよね。

真　車に乗って、移動していたら頭痛いんだよなって言い始めて。呂律が回らなくなってきて、ふざけてんのかなと思ったら、体が沈みはじめて。これは、まずいと思ってそのまんま病院に行った。

佳　心臓は動いていたけど呼吸が止まっていて、そのまま救急車で対応できる病院に搬送した。勇仁郎に電話しても出ない。

勇　バイトの仲間と遊んでた。

佳　脳幹出血を起こしていて、今晩が峠だといわれても、ピンとこない。なんか現実ってこんなもんなのかなと。

勇　よくて植物状態って言われていたから、次の日から師匠方が続々とお見舞いに来てくれたよね。桂歌春師匠が来た時に「何食ってもアタらない頑丈な人なのに」って言うから、俺が、「だからバチが当たったんだよ」って言ったら「今はそんなこと言う時じゃない」ってひどく怒られた。

看護師さんから意識戻ったって聞いたときは面白かったよね。

佳　入院中に携帯にいろんな人から電話かかってくるんだけど、仕事の相手じゃなかったら留守電のままにしてたの。その中に、名古屋の女の人から「ちいちゃん、全然連絡とれないけど、今度いつ来てくれるのおー」ってのがあった。

勇　親父が目を覚ました時、母ちゃんが、まだ、目が覚めてうつらうつらしている病人に向かって、「ねえパパ、名古屋のミサトってだあれ」って言ったら、親父が死んだふりした（爆笑）

最初にしっかり話したのは、入院していて金がかかる。マージャンで誰と誰にいくら貸しがあるから取立てにいってこいって話。結局、相手にも貸しがあるから一緒（笑）。そういえば、後遺症で話すのがうまく出来なくなったから、50音が書いてあるボードで指差して会話してたよね。

佳　家にまだあるよ。出そうか。

　これ、パパのために、猫ちゃん（江戸家まねき猫先生）が作ってくれたんだよね。

真　お見舞いにいろんな方が来てくれるんだけど、親父の口が悪いから大変だった。

佳　わたしは慣れてるから大体わかるけど初めてお見舞いにきてくれた人には、パパの言っていることが理解できない。せっかく忙しい中、お見舞いにきてくれているのに、「こいつはバカ」とか言う。

真　後輩は「師匠は、何て、師匠は何て仰ってますか」と必死に聞くんだけど。「バカかお前は」と言ってます。とは伝えられないよね。だから適当にごまかしてた。

　そしたら、慣れてきて「バーカ」ってはっきり言える様になった。せっかく、ごまかしてたのに（笑）

佳　慣れてきて、話の展開がわかるようになると、直訳が本人より先になる。そしたら震える声で「俺が言うんだー」って（笑）

真　色々あったよね。でも、真打になった勇仁郎の姿を見たら、親父はいったいなんて言うんだろうね。

佳　そりゃ、大声で笑いながら、「バーカ」ってはっきり言うんじゃないの。

柳亭
小痴楽

後記

江戸時代以来とも言われる空前の〝落語ブーム〟は活況を迎えており、その潮流を語る時、柳亭小痴楽の名前は外すことができない。落語家の数も東西合わせて800名を超え、昨今のブームにおける客のお目当ては「二ツ目」という「真打」の手前の階級にいる若手噺家。中でも、落語芸術協会に所属する二ツ目の落語家・講談師によるユニット『成金』が人気を博し、そのメンバーであり、最も勢いのある落語家が彼だ。落語家のイメージを払拭するお洒落でカッコいいビジュアルに注目されがちだが、2019年9月下席での真打昇進は、通も唸る古典落語の実力が評価されてのことだ。

2019年春に恵比寿のとある喫茶店で彼と会った。文庫本を片手に丸めがねにニット帽姿。五代目　柳亭痴楽の次男として生まれた彼だが、現在の生粋の江戸っ子で古典落語を操る若手落語家というよりは近所のお兄ちゃん。しかし、亡き父・痴楽師匠との思い出話や、家族、師匠、仲間たちとの雑談から出てくる彼の話のなんと面白いこと。痛快でテンポのよい語り口で、それはまるで落語の本編前に語る小咄枕のオンパレード。しかも、そこからは『仲間を大切にする心』『嘘をつかない』という、父から教わった〝男として、落語家として〟の生き方が見えてくる。

ご実家でご家族との対談もさせていただき、たくさんの思い出話をお聞きすることもできた。真打昇進披露興行を控えた超多忙な中、彼が書き上げた21編のエッセイは、まさに　三代目柳亭小痴楽師匠の設計図のようなものだ。

ぴあ編集部　清水智宏

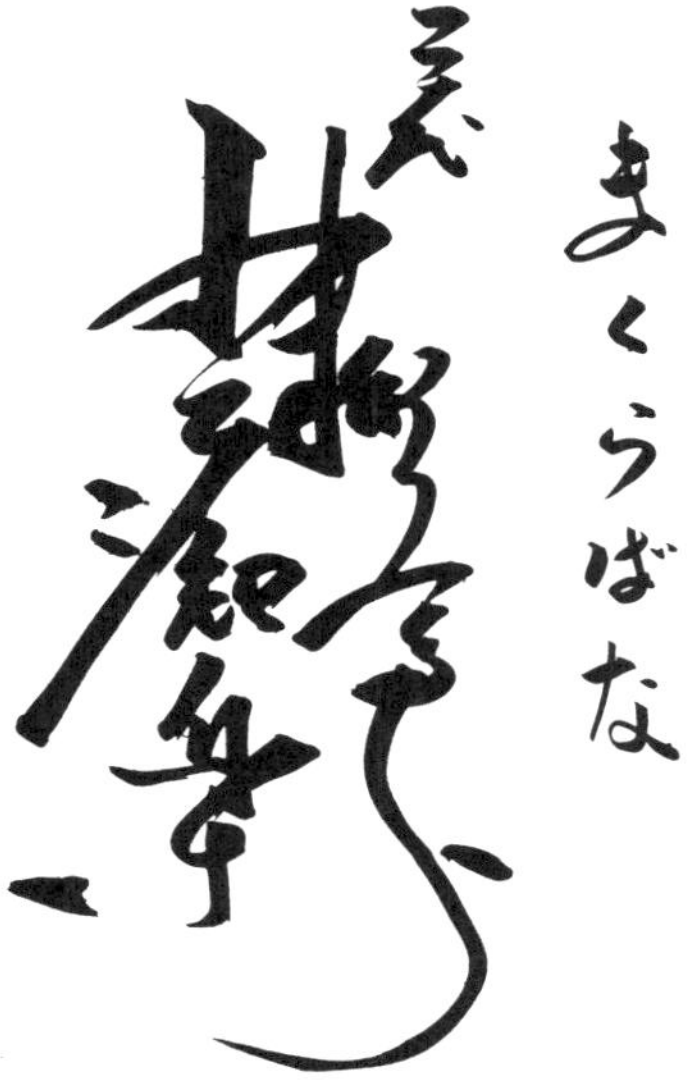

まくらばな
2019年11月16日　初版発行

著者　柳亭小痴楽
発行人　木本敬巳
企画・編集　清水智宏
編集補佐　佐久川菜々
写真　橘蓮二
装丁　河隆史（MOVE）

発行・発売　ぴあ株式会社　関西支社
〒530-0004 大阪市北区堂島浜1-4-4
アクア堂島東館2F
【代　表】06-6345-8900
【販　売】06-6345-9088
【編集部】06-6345-9044
ぴあ株式会社　本社
〒150-0011 東京都渋谷区東1-2-20
渋谷ファーストタワー
【大代表】03-5774-5200

印刷・製本　凸版印刷株式会社

ISBN　978-4-8356-3930-7